UNE SESSION

DES

ÉTATS DE LANGUEDOC

UNE SESSION

DES

ÉTATS DE LANGUEDOC

PAR

Ch. De TOURTOULON

MEMBRE DE L'ACADÉMIE DES SCIENCES ET LETTRES DE MONTPELLIER
MEMBRE CORRESPONDANT DES ACADÉMIES ROYALES D'HISTOIRE ET DES SCIENCES
MORALES ET POLITIQUES DE MADRID.

MONTPELLIER
TYPOGRAPHIE DE BOEHM ET FILS, PLACE DE L'OBSERVATOIRE
ÉDITEURS DU MONTPELLIER MÉDICAL.
1872

Ce Mémoire a été lu dans la section des Lettres de l'Académie des Sciences et Lettres de Montpellier, le 29 novembre 1869, et en séance générale de la même Académie, le 31 janvier 1870. Depuis cette dernière lecture, il n'a été fait dans le corps du travail aucun changement qui puisse modifier, même de la façon la plus légère, les opinions qui y sont émises. On comprendra, je l'espère, le sentiment qui me dicte cette observation.

Par suite de circonstances qu'il est inutile de faire connaître ici, le Mémoire était imprimé presque en entier, lorsque j'ai appris qu'il existait aux archives départementales de l'Hérault un certain nombre de dossiers et de registres se rapportant à la session des États de 1761 : je n'ai donc pu utiliser ces documents que sous forme d'appendice. De là, une disproportion considérable entre le texte de l'ouvrage et les notes, qui sont devenues maintenant la partie la plus importante.

Je dois des remerciements à M. Louis de la Cour de la Pijardière, archiviste du département de l'Hérault, pour avoir bien voulu me faciliter, de la manière la plus gracieuse, un travail que l'état de ma vue m'a rendu long et pénible. Je ne saurais oublier non plus l'obligeance de M. Étienne Bompar, sous-chef au même dépôt.

Juillet 1872.

UNE SESSION

DES

ÉTATS DE LANGUEDOC.

Ce n'est point sans appréhension que j'ai abordé l'étude de nos États provinciaux, dont le souvenir est resté si populaire dans le Midi.

D'autres ont vanté cette institution, montré sa grandeur, exalté ses services ; il était probable qu'un nouvel historien n'aurait guère qu'à en dévoiler les faiblesses. J'avais donc quelque raison de craindre qu'on ne m'accusât d'appartenir à cette école qui, sous prétexte de critique, a entrepris de rapetisser ce qui a été proclamé grand, de ternir ce qui brille, de faire douter du génie, du dévouement, de la gloire. Mais je me suis rassuré en pensant que, lorsqu'il s'agissait de certitude et non de doute, il n'y avait point de droit contre le droit de la vérité ; que la tolérance, admissible pour des faits isolés et sans conséquence, serait coupable lorsqu'il s'agit d'hommes ou d'institutions que l'histoire a le devoir de juger, et auxquels elle a le droit de demander des enseignements.

Il faut oser regarder les grandes choses par leurs petits côtés, et ne pas accepter sans contrôle une admiration traditionnelle qui finit toujours par éveiller la méfiance et produire d'injustes réactions.

Il m'a donc semblé qu'il serait utile de rechercher si les États de Languedoc eurent conscience de leur mission ; si, dominés par des idées trop puissantes de leur temps, ils ne se firent point les serviteurs aveugles du pouvoir, oubliant, ou plutôt ignorant qu'ils existaient en vertu d'un droit supérieur à celui de la royauté.

Par quels ressorts cachés ou apparents l'influence de la Cour se fit-elle sentir dans leurs délibérations? Quelle liberté fut-il laissé à la manifestation des opinions individuelles? Enfin, quelle lumière l'histoire intime des États jette-t-elle sur leur histoire officielle?

Je ne prétends pas éclaircir tous ces points, mais seulement apporter pour aujourd'hui quelques indications dont il faut se garder de tirer des conclusions trop générales. Je n'ai encore étudié en détail qu'une session des États de Languedoc, qui se rapporte à la période de leur histoire la plus rapprochée de nous, c'est-à-dire — il ne faut pas l'oublier — à la période de leur décadence.

J'ai choisi l'année 1761, non qu'elle offrit rien de particulièrement intéressant, mais uniquement parce que le hasard a fait tomber dans mes mains une lettre écrite par un des députés du tiers-état à cette session. Ce document ne nous donne ni récit circonstancié, ni jugement raisonné des travaux des États; mais il peint d'une façon piquante la physionomie de la solennelle assemblée et celle de quelques hauts personnages de la province.

L'auteur de cette lettre est Sylvestre-Jean-Jacques-Hilaire Daudé de Tardieu de La Barthe, seigneur de Séjas, ancien aide de camp du comte d'Eu et député de la ville de Marvéjols aux États de 1761.

J'ai dépouillé avec soin les procès-verbaux de la session, et lorsque j'aurai, à l'aide de ces documents officiels, tracé les grandes lignes du tableau, les coups de pinceau du député de Marvéjols achèveront de l'éclairer et de l'animer.

I

On était à la période la plus douloureuse de la guerre de Sept ans. La France, battue, amoindrie au dehors ; écrasée d'impôts, épuisée au dedans, venait de subir, pour dernière humiliation, les refus outrageants de l'Angleterre à des propositions plus que modérées. Le Languedoc était une des provinces les plus imposées. Depuis plusieurs années les récoltes y étaient mauvaises ; d'ailleurs, l'abondance même y devenait parfois désastreuse, car les grains se vendaient alors à si bas prix, grâce aux lois qui en prohibaient l'exportation, que le paysan trouvait à peine dans cette culture de quoi suffire à sa subsistance.

C'est au milieu de cette misère que, le jeudi 22 octobre 1761, les États de la province furent ouverts par le duc de Fitz-James, pair de France, lieutenant-général, gouverneur du Haut et Bas-Limousin et commandant en chef en Languedoc sous le comte d'Eu, gouverneur de la province, qu'on n'y avait jamais vu [1].

Le commandant en chef du Languedoc était, d'après l'auteur de la lettre dont j'ai parlé, « un bel homme, maigre et fluet, plein de douceur et de politesse. Il jouait à peu près le même rôle que M. de Mirepoix après le maréchal de Richelieu, excepté peut-être que son abord était plus aisé et que plusieurs personnes assuraient l'avoir vu rire ».

Après la lecture des lettres closes du roi et des commissions qui les accompagnaient, le duc de Fitz-James prononça un discours qui fut suivi d'une allocution du vicomte de Saint-Priest, intendant de la province, et d'une réponse de Monseigneur de Dillon, archevêque de Toulouse, président les États en l'absence de l'archevêque de Narbonne. Le procès-verbal se borne à mentionner ces discours sans en donner même le résumé. Nous apprenons par la lettre du député de Marvéjols que « M. l'intendant parla avec force

---

[1] Les « commissaires présidents pour le roi » aux États de 1761 étaient le duc de Fitz-James, le vicomte de Saint-Priest, intendant de la province, et MM. Guy de Villeneuve et Magnol, trésoriers de France.

de la misère du peuple, arracha des larmes, et conclut de sang-froid qu'il fallait se dépouiller; que le discours de M. l'archevêque de Toulouse fut, d'après M. de Montesquieu, un traité complet des différentes espèces de gouvernement et une préférence outrée du monarchique. Il rappela la mémoire du maréchal de Thomond, et finit par exhorter les États à faire les plus grands efforts. »

Ces efforts, quel devait en être le but ? Accorder au roi les sommes qu'il demandait, et par conséquent imposer de nouvelles charges à la province. C'était là le dépouillement que, de son côté, conseillait l'intendant de Saint-Priest; mais, du moins, l'intendant était dans son rôle de représentant du pouvoir royal, tandis que Monseigneur de Dillon semblait oublier quelque peu ses devoirs d'organe officiel des populations du Languedoc.

Les six premiers jours furent employés, suivant l'usage, à des cérémonies religieuses, à une rapide vérification des pouvoirs, à un échange de visites entre les États et les principaux personnages de la province, à la lecture des instructions du roi à ses commissaires. Le septième jour les commissions furent nommées et la partie sérieuse de la session commença.

Chacune des commissions avait à sa tête un prélat qui en était à la fois le président et le rapporteur; mais tandis que l'archevêque de Narbonne, président-né des États, était, en cas d'absence, remplacé par un autre archevêque, c'était un baron qui suppléait d'ordinaire l'évêque président et rapporteur d'une commission. Ce cas se présentait d'ailleurs rarement; nous le remarquons une seule fois durant la session qui nous occupe.

A l'exception des syndics généraux, qui, en vertu de leur charge, doivent soumettre certaines questions d'administration intérieure de la province à la délibération de l'Assemblée, personne ne prend la parole dans les séances générales, si ce n'est un membre du haut clergé ou exceptionnellement un baron. Après chaque rapport, le procès-verbal, qui n'a gardé la trace ni d'une discussion, ni même d'une simple observation, répète, avec une régularité désespérante, la formule : « ce qui a été délibéré conformément à l'avis des commissaires ».

Ce mutisme de la plus grande partie de l'Assemblée n'est-il qu'apparent, et résulterait-il seulement de la rédaction des procès-verbaux, qui cependant consignent avec le plus grand soin des détails d'une bien moindre importance? Cette supposition pourrait être admise à la rigueur, si nous n'avions, d'un côté, l'affirmation de l'un des acteurs de cette «comédie», suivant l'expression énergique du document que nous donnons plus bas; de l'autre, le témoignage d'un écrit publié en 1789, et dont l'auteur parle en ces termes de nos assemblées provinciales : « Le tiers-état est absolument muet. Le seul capitoul de Toulouse a le droit de prononcer une harangue le jour même de l'ouverture; mais c'est une vaine formalité, et ce capitoul, qui parle au nom du tiers-état, est déjà noble par sa place[1]. »

Il ne paraît pas qu'en 1761 le capitoul de Toulouse, député aux États, ait usé de son droit de harangue.

Ainsi, un archevêque président, des évêques et très-exceptionnellement des barons présidents ou rapporteurs des commissions, des officiers du roi parlant au nom de leur maître, et des syndics généraux rendant compte de l'exécution des mesures votées par les assemblées précédentes : tels étaient à peu près les seuls orateurs des séances générales.

Nous ne savons pas, il est vrai, ce qui se passait dans les commissions; mais à les voir conclure constamment dans le sens des demandes royales, à voir une conformité absolue entre leurs votes et ceux de l'Assemblée générale, on a tout lieu de croire que le haut clergé les dirigeait aussi et que d'Argenson ne se trompait pas lorsqu'il écrivait : « Le Languedoc est la seule province de France où les évêques soient restés maîtres des affaires temporelles et politiques[2]. » Par les évêques, c'était le pouvoir central qui dirigeait les délibérations des États; car les prélats-courtisans de cette époque tournaient plus volontiers les regards vers le côté d'où venaient les faveurs royales, que vers les régions inférieures d'où partaient les plaintes du peuple. Dans leurs idées, d'ailleurs, l'éclat du trône était, après les intérêts de l'Église, ce qui importait le plus au bonheur de la nation.

Plusieurs fois l'accord entre la royauté et le clergé avait paru près de se rompre. Le règne de Louis XIV avait vu quelques discussions orageuses où les prélats avaient joué le principal rôle; et lorsque, en 1750, on tenta d'im-

---

[1] *Adresse au peuple Languedocien*, par un citoyen du Languedoc, 1789, in-8°.
[2] *Mémoires* de d'Argenson, tom. V, pag. 373.

poser à la province une contribution qui atteignait surtout le clergé[1], les évêques essayèrent de la faire rejeter par l'Assemblée. Le contrôleur-général Machault fit dissoudre les États, et dès lors les prélats comprirent qu'ils n'avaient rien de mieux à faire qu'à vivre en bonne intelligence avec Messieurs les contrôleurs-généraux des finances, pour le plus grand bien du royaume et la plus grande gloire de la monarchie.

D'ailleurs, en 1752, on avait nommé au siège archiépiscopal de Narbonne, qui conférait à son titulaire la présidence des États, Monseigneur de La Roche-Aymon, prélat d'un caractère si conciliant, dit un de ses biographes, qu'on l'avait jugé propre à diriger une Assemblée selon les désirs de la Cour. A partir de cette époque, les États de Languedoc ne sont plus un corps vivant, mais seulement un automate mû par les mains du clergé.

Ces prélats qui disposaient des affaires de la province, les faisaient-ils du moins d'une manière intelligente et dévouée? C'est ce que nous avons à examiner.

II.

Les questions portées aux Assemblées provinciales étaient de deux sortes : questions purement administratives, questions politiques.

Quant aux premières, je me hâte de le déclarer, et il n'y a jamais eu à ce sujet qu'une opinion, elles étaient admirablement traitées. La justice dans la répartition de l'impôt, l'indépendance des administrations communales, la régularité de la comptabilité provinciale, l'importance des travaux exécutés par la province avec ses seules ressources, faisaient du Languedoc l'un des pays les mieux administrés qui fût en Europe.

Le pouvoir central n'avait à cette époque aucun intérêt à s'immiscer dans les affaires particulières des communes ou des provinces. Pourvu qu'on lui accordât les impôts qu'il demandait, il laissait pour tout le reste la plus entière liberté aux administrations locales. Aussi les évêques de Languedoc, débarrassés de leurs préoccupations de courtisans, livrés aux seules inspirations de leur conscience, suivaient-ils sans hésitation, en matière administra-

---

[1] *Édit du vingtième.*

tive, les antiques traditions encore vivantes dans le Midi et parvenaient-ils à faire oublier, grâce à la bonne gestion des affaires locales, leur fâcheuse influence dans les questions qui touchaient à la politique générale du royaume.

On a prétendu qu'en avançant vers 1789, l'action administrative des États décroit et dégénère, et l'on a donné pour preuve les accusations qui furent dirigées contre ces assemblées aux approches de la Révolution. Ces attaques s'adressent plutôt à l'organisation des États qu'aux actes mêmes de leur administration. Les procès-verbaux prouvent au contraire avec quelle sollicitude éclairée les intérêts de la province n'ont cessé d'être sauvegardés, tant que ces intérêts n'étaient pas en lutte avec les désirs du souverain.

En 1761, par exemple, des fonds considérables sont votés pour l'entretien et la construction des voies de communication, chemins et canaux ; pour l'amélioration des ports d'Aiguesmortes, Cette, Agde et la Nouvelle ; pour l'encouragement de l'agriculture, en faveur de laquelle on demande au roi de vouloir bien autoriser la libre exportation des grains, soit d'une province dans l'autre, soit à l'étranger « conformément, dit le cahier du diocèse d'Alby, aux vrais principes de la liberté commerciale ».

Mais dans la répartition des sommes affectées au service de la province, il est un chapitre qui constituait un abus véritable, et qui n'a pas échappé aux critiques de ceux mêmes qui le sanctionnaient par leur vote ou par leur silence. Je veux parler des gratifications au gouverneur de la province, au commandant en chef, au lieutenant-général, à l'intendant, aux secrétaires de ces hauts personnages, aux trésoriers de France, et enfin à la duchesse de Fitz-James elle-même, « pour services rendus à la province ».

« L'argent ne nous coûte rien, écrit le député de Marvéjols, nous le versons à pleines mains. »

Le total de ces gratifications s'élève, en 1761, à 132,900 livres.

III.

Si maintenant, des affaires exclusivement provinciales, nous portons nos regards vers les questions qui intéressent la couronne, nous sommes frappés tout d'abord d'un vote qui offre un véritable caractère de grandeur : sur la proposition de l'archevêque de Narbonne, les États décident par acclamation d'offrir au roi un vaisseau de ligne[1].

C'est pour la province de Languedoc un vrai titre de gloire que d'avoir donné cet exemple de patriotisme, que suivirent bientôt d'autres provinces, tous les corps de l'État et quelques riches particuliers. Mais après avoir montré, par cette décision, combien la province prenait sa part des malheurs de la patrie, les États devaient-ils consentir à écraser sous de nouvelles contributions ce pauvre peuple de Languedoc, dont la misère, de l'aveu même des gens du roi, touchait à ses dernières limites ?

N'était-ce pas assez de voter comme chaque année le don gratuit, la capitation, l'aide, l'octroi, la crue, le taillon avec ses augmentations, le rachat des deux vingtièmes, les appointements du gouverneur, ceux de l'intendant, les frais de bureaux de ces deux fonctionnaires, la solde de leurs gardes, l'entretien des places-fortes, les frais d'administration militaire, les droits abonnés au roi, impositions qui versaient annuellement dans le trésor de la couronne douze millions de livres[2]; et tandis qu'au plus fort de nos revers le roi prélevait sur son peuple plus de cent millions pour ses dépenses secrètes, fallait-il, lorsqu'il lui plaisait d'imposer la nouvelle contribution dite du troisième vingtième, accepter en courbant la tête, sauf à déposer aux pieds de Sa Majesté de très-humbles représentations dont il n'était tenu aucun compte? fallait-il consentir à payer l'entretien des garnisons de la province en se bornant à ajouter, en guise de consolation : « pour cette fois seulement et sans conséquence », vaine formule qui n'empêchait pas la contribution d'être votée l'année suivante? Enfin lorsque, en vertu de la constitution politique du Languedoc, les États avaient le droit de refuser les impôts, n'était-ce pas faire l'aveu d'une impuissance désolante ou d'une complaisance coupable que de les voter tous sans exception, en suppliant néanmoins le souverain de les diminuer ou de les supprimer ?

Il y a plus : le roi avait à plusieurs reprises demandé et obtenu le crédit de la province pour contracter différents emprunts; en 1761, il devait

---

[1] Le modèle de ce vaisseau est conservé aux archives de la ville de Montpellier.
[2] Voyez *Pièces justificatives*.

ainsi 28,252,930 livres. Cette année même il sollicita également cet appui pour un nouvel emprunt de six millions de livres, et les États l'accordèrent sans difficulté.

J'ai parlé de représentations adressées au roi. Celles de l'année 1761 sont contenues dans une lettre que l'archevêque de Narbonne soumit à l'approbation de l'Assemblée. On pourra lire plus bas ce document parmi les Pièces justificatives de mon travail. C'est un vrai modèle de courtisanerie. En regard des maux dont souffre la province, il y est parlé des besoins de l'État *dont le roi est le seul juge*; Louis XV n'y est pas seulement appelé le *Bien-aimé*, le *Père de son peuple*, mais encore le *monarque toujours maître de lui-même* [1].

Il est vrai que le rédacteur de cette lettre, Monseigneur de La Roche-Aymon, grand-aumônier de France depuis l'année précédente, était connu par un culte si exagéré pour le roi qu'il s'attirait même, assure-t-on, les plaisanteries des courtisans. Mais sa lettre ne fut l'objet d'aucune observation. Si l'on en juge par le procès-verbal, elle fut votée à l'unanimité, comme l'emprunt, comme les impositions, comme toutes les décisions de l'Assemblée. Jamais l'ombre d'une discussion, jamais un mot. Lorsque le président ou les rapporteurs ont parlé, personne ne demande la parole. Je me trompe : une fois, durant cette session, un simple député, le chevalier de La Croix, envoyé du baron de Castries, après avoir obtenu, avant la séance, l'autorisation de l'archevêque de Narbonne, se permit une observation sur une décision prise la veille. Il s'agissait de l'offre du vaisseau de ligne : l'Assemblée voulait donner au roi un vaisseau de 74 canons ; ce n'était pas l'avis du chevalier de La Croix. Pour des raisons qu'il développa en qualité d'officier de marine, il proposa d'offrir un vaisseau de 80 canons, ce qui fut immédiatement décidé.

---

[1] Les États se mettaient en rapport direct avec le souverain, non-seulement par des lettres du genre de celle-ci, mais encore par l'envoi à la Cour d'une députation composée d'un évêque, d'un baron, de deux députés du Tiers et d'un syndic général, qui présentaient au roi le cahier des doléances.

IV.

J'ai hâte de faire observer que la soumission des États aux volontés de la Cour n'est point la preuve d'un abaissement de caractère chez ceux qui composaient l'Assemblée; c'était uniquement le résultat des théories politiques semées depuis quatre cents ans par la monarchie, et qui, sous Louis XIV, étaient arrivées à leur complet développement. De la meilleure foi du monde, on admettait généralement, avec celui que l'on appelait le Grand Roi, que « toute puissance, toute autorité réside dans le souverain ; que la fortune des particuliers constitue pour lui de sages économies dont il peut user en tout temps ». Au milieu d'une Assemblée imbue de ces doctrines, ceux qui ne les partageaient pas se voyaient impuissants à les combattre, et se vengeaient au dehors par l'ironie.

Cependant les principes absolutistes avaient trouvé de courageux adversaires dans les parlements du royaume. Celui de Toulouse, prenant en main la cause désertée par les défenseurs naturels de la province, déclara que les édits royaux portant création de nouvelles impositions ne pouvaient pas être soumis aux délibérations des États s'ils n'avaient été préalablement enregistrés en la cour de parlement. Le pouvoir royal était directement atteint par cette décision; il poussa habilement les États à la lui dénoncer comme attentatoire aux privilèges de la province. Le Conseil du roi cassa l'arrêt du parlement, mais le parlement maintint son arrêt en dépit de la volonté royale. De quel côté se trouvait la légalité ? Je n'ai point à le rechercher ici ; mais je n'ai pas besoin de dire où était le droit, où était l'équité dans cette lutte entre une Cour souveraine, protectrice de la fortune et de la vie des citoyens, et une Assemblée parlant de privilèges et de franchises à un peuple qui demandait du pain.

On ne peut se défendre d'un véritable sentiment d'admiration pour la noble attitude du parlement lorsqu'on rapproche des humbles supplications de l'archevêque de Narbonne ces fières paroles des conseillers de Toulouse:

« On fait croire à Votre Majesté que l'unique moyen de libérer l'état actuel est de laisser subsister les anciens impôts et d'en établir d'autres encore;

que toutes les lois, tous les intérêts, tous les principes doivent céder à la nécessité de cette libération ; que les fortunes de vos sujets sont subordonnées à vos besoins ; qu'il vous est permis d'imposer à discrétion sur vos peuples, et que pour les dépouiller entièrement de leurs biens il suffit d'alléguer la nécessité et de la prouver par la force. Ces maximes de servitude ne s'établiront jamais dans votre royaume, tant que votre parlement pourra se faire entendre [1]. »

De 1759 à 1763, la cour souveraine de Toulouse résista avec une admirable énergie aux injonctions de l'autorité royale. En 1761, l'affaire préoccupe un instant les États [2] ; mais durant les deux années suivantes la lutte s'envenima à ce point que le duc de Fitz-James crut pouvoir imposer par la force l'enregistrement des édits. Ce fut en vain qu'il mit en état d'arrestation tous les conseillers présents à Toulouse, le parlement ne céda point. Enfin le roi, craignant des troubles sérieux dans la province, désavoua le duc de Fitz-James, et les édits ne furent pas enregistrés.

V.

J'ai indiqué ce que fut la session de 1761 d'après les documents officiels ; voici maintenant dans son entier le témoignage contemporain inédit dont j'ai déjà parlé plusieurs fois.

Cette lettre toute confidentielle est écrite par M. de La Barthe à M. du Roc, marquis de Brion, maire de Marvéjols. Nous y trouverons, je le répète, peu de faits, peu de détails sur la session, mais plutôt cette première impression, si précieuse à recueillir, d'un homme intelligent et de bonne foi arrivant au milieu de la solennelle assemblée des États. J'aurais pu me bor-

---

[1] *Très-humbles et très-respectueuses remontrances du Parlement séant à Toulouse, au sujet des transcriptions illégales des édits et déclarations du mois d'avril, et d'arrêts du Conseil, pleins de calomnies et d'erreurs*, etc., 1763 ; cité par du Mège ; *Histoire du Languedoc*, tom. X.

[2] On peut lire dans l'*Essai historique sur les États de Languedoc* par le baron Trouvé, une lettre du contrôleur-général Bertin à l'archevêque de Narbonne relative à cette question Ce document est extrait des procès-verbaux de la session de 1761. Voir aussi *Pièces justificatives*.

ner à citer les passages qui se rapportent directement à mon sujet ; mais la lettre, dans son ensemble, m'a paru intéressante à publier, à cause de sa forme alerte et spirituelle et des renseignements qu'elle nous donne sur Montpellier au xviiie siècle [1].

Montpellier, 1er novembre 1761.

MONSIEUR,

Le nouveau commandant joue à peu près le même roole que le duc de Mirepoix aprez le marechal de Richelieu excepté peut-être que son abord est plus aisé et que plusieurs personnes assurent l'avoir vu rire. Sa maison, qui sous M. de Thomond étoit ouverte et faisoit une ressource pour tous les étrangers, est exactement fermée à 7 heures. Madame la duchesse [2] et sa fille se retirent dans leur appartement jusqu'à neuf. On appelle alors les 2 officiers de garde, l'on soupe en famille jusques à 10 ; un moment après Mselle de Fisjames s'aproche de sa maman qui droïtte comme un piquet contre la cheminée répond à une très-proffonde Reverence de sa fille par un Baiser au front, luy fait sur le visage avec le pouce de la main droite un signe de croix pareil à celuy des diacres à l'evangile, et c'est le signal de la prière. Cette étiquette que vous trouverez fort plaisante est au pied de la lettre, elle m'a été aprise par un capitaine de Monmorency avec lequel je mange, on m'a dit icy que c'est une étiquette de cour. Vous comprenez déjà que tout l'eclat du gouvernement ne consiste que dans un diner indispensable. Il y a journellement 2 tables de 20 à 25 couvers. La seconde selon l'usage est tenue par le cap[ne] des gardes ancien officier dans le Régiment de Fisjames et servie avec assez de magnificence. Madame la duchesse femme de 40 à 45 ans [3], si toutefois l'on en peut juger au travers d'un doit de Rouge, fait un peu de conversation suivie d'une triste partie de reversis. C'est alors qu'on joue par air car on n'est ny aperçu ny retenu.

Mselle de Fisjames [4] a généralement icy tous les suffrages. C'est une espèce de brune de 18 ans d'une taille avantageuse, faitte à peindre. Le deuil qu'elle porte

---

[1] Cette lettre m'a été communiquée par M. le comte de La Barthe, petit-fils de celui qui l'a écrite. Je respecte scrupuleusement l'orthographe.

[2] Victoire-Louise-Sophie de Goyon de Matignon, duchesse de Fitz-James, fille aînée de Marie-Thomas-Auguste de Goyon, marquis de Matignon, chevalier des ordres du roy.

[3] La duchesse de Fitz-James était née en 1722.

[4] Louise-Auguste de Fitz-James, née le 7 décembre 1744, fut mariée le 28 septembre 1762 à Philippe-Gabriel-Maurice d'Alsace Hénin-Liétard, prince de Chimay, grand d'Espagne, chevalier de la Toison-d'Or, etc.

lui sied bien. Son maintien est très-modeste. Elle sçait que les demoiselles bien élevées loin de tenir le bureau et de raconter doivent répondre en peu de mots et ne se permettre qu'un sourire. Elle a de très-beaux yeux comme sa mère, une belle gorge qu'on ne fait que soubçonner et beaucoup de douceur dans la phisionomie. Sans doute qu'elle aura de l'esprit quand il en sera temps. Elle a été à la comédie pour la première fois. Son âme était toute entière sur le théâtre et nous la vîmes très émue à la reconnoissance de Constance et Dorval. Son père est bel homme, de la taille à peu près de M. de Thomond, maigre et fluet, plein de douceur et de politesse. Mon père vous aura sans doute appris de quelle façon j'en ay été reçu, ainsy il m'est inutile de vous le répéter. Tout autre que moy pourroit compter sur la grace que je lui ay demandée, mais c'est icy la source des espérances trompées et je trouve tous les jours des gens dupes de leur bonne foy.

La pompe de l'assemblée de nos Etats m'a séduit le premier jour. J'ay entendu M. l'intendant parler avec force de la misère du peuple, arracher des larmes et conclure de sens froid qu'il faloit entièrement se dépouiller. Le discours de M. l'archevêque de Toulouse fut d'après M. de Montesquieu un traitté complet des différentes espèces de gouvernement et une préférence outrée du monarchique. Il rappela la mémoire du maréchal de Thomond et finit par exhorter les Etats à faire les plus grands efforts. Depuis ce moment je n'ay aperçu qu'une vraye comédie où les acteurs jouent un roole plus ou moins intéressant suivant la quantité d'argent que la province leur accorde. Les députés à la cour sont connus, on les montre et on leur porte envie à cause des 4000 livres. Les employés au bureau des comptes suivent immédiatement quoyque de loin. Après ceux-cy on fait mention des Recrues. On n'ignore pas qui sont ceux qui travaillent chez le commandant mais on s'arrête là. En sorte que si les Evêques pour prendre leur revanche du gouvernement ne faisoient pâlir dans l'antichambre ceux qui viennent les voir ils seroient à peu près confondus dans la foule. Je vois avec le plus grand plaisir ceux du Puy, de Lavaur, de Montpellier et de Nismes. Le premier m'a expressément chargé de vous faire ses compliments, c'est lui qui m'a fortement dissuadé de rien demander à l'archevêque de Narbonne et j'ay connu par l'expérience de mes confrères qu'il m'a épargné une démarche humiliante et infructueuse. Je ne vous parle pas de l'évêque d'Alais qui m'avoit comblé à Chanac. Mon silence le peint au naturel.

Je connois déjà un nombre infini de personnes. Sans faire mention du gouvernement et de l'intendance où je vais m'ennuyer quelquefois par décence, je vois beaucoup Mselle Delon dont vous connoissez les talents et la politesse. Son père est un homme aimable, il a l'esprit cultivé et je passe avec plaisir une heure avec luy. M. Desauvages me traite en amy sans doute à cause de M. de la Condamine avec lequel il est très lié. Il m'a présenté à M. Pitou dont la femme

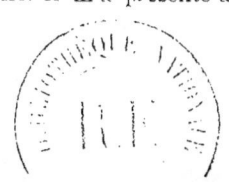

reçoit bonne compagnie et à M. Imbert chancelier de l'Université et directeur du jardin royal. J'ay vu chez elle M. de Lussac, M. Deidé dont la fille peint comme un maître et touche très bien du clavessin. Je suis très lié avec M. de Vichet trésorier de France chez lequel j'ay déjà fait beaucoup de musique et par conséquent avec M. L'amuriez, Ch^{er}. de Rates, Coste, etc. Je suis chez Mrs Roux et Vigan comme l'enfant de la maison et sur le pied de me mettre à table quand je veux. Je connois beaucoup le prévôt de Saint-Pierre. Je suis abonné à la comédie qui à certains égards n'est point mauvoise. Je joue régulièrement au grand concert, mais avec tout cela je m'ennuie et je grille de revoir mon cabinet. Cecy pourra vous paroître bizarre, mais calculez la peine de se lever à 7 heures, de courir sur le pavé de Montpellier jusques à 9, d'assister à la charlatanerie des comptes et à la comédie des Etats jusques à midi et demy, le soin de faire jusques à une heure une cour qu'on n'aperçoit pas, des visites depuis 3 heures jusques à 4 et demy et le chagrin d'être obligé de me coucher à 10, vous conviendrez que je n'ay pas tort. Avec toutte la bonne volonté que j'avois de tout voir et de tout connoître, les devoirs que j'ay à rendre me démontrent ce que vous m'avez souvent dit: je partirai sans connoître la ville de Montpellier. Je n'ay déjà assisté qu'à deux leçons de Saint Come et à peine ai-je vu la fontaine, le peirou et le jardin des plantes qui est une gruserie (sic). Je me propose dans peu de jours d'aler à Cette et de courir la campagne. Ce petit voyage sera peut être un remède contre l'ennuy.

 Le second jour de mon arrivée je n'eus rien de plus pressé que d'aler voir la citadelle. Ne pouvant parler au lieutenant de Roy qui étoit malade je fis demander la permission comme étranger et ancien officier. Le laquais selon la coutume de ces sortes de gens confondit tout et m'annonça comme officier étranger. M. D'olimpi avec une médecine dans le corps et dans le fort des tranchées s'habille à la hâte, ordonne qu'on me fasse monter et se met dans la tête que la curiosité conduit dans sa place quelque Prussien déguisé. Je luy demande en entrant la permission de parcourir la citadelle, de voir la salle d'armes et le magasin ; il me reçoit avec un visage sévère et me demande à quel titre je prétends tout parcourir. — Ne vous êtes-vous pas fait annoncer, Monsieur, comme officier étranger ? — Non, Monsieur, votre laquais est un butor. Je suis étranger à Montpellier mais d'ailleurs très-bon françois, et si l'usage étoit de décliner son nom par règle je vous dirois que j'ay servi dans la cavalerie et que je suis du Gévaudan. J'espère que vous voudrez bien m'accorder ce que beaucoup de gens n'ont pas la politesse de vous demander. Ma réponse le fit sans doute revenir de sa frayeur car il m'accabla de compliments et me donna un sergent pour me conduire partout.

 Le lendemain des Etats un homme dans la salle portant une canne à pomme d'ivoire s'aproche de moy et me demande d'un air important si je suis député de la noblesse ou du tiers-état. Sa demande me parut singulière. Je lui demanday à quel titre il me la faisoit. C'est, Monsieur, parce que si vous êtes du tiersétat je vous invite à diner chez M. le duc. — Moy, Monsieur, et qui vous en a chargé ? — Ce sont, me répliqua-t-il, les droits de ma charge ; j'invite qui je veux sans suivre l'ordre du tableau. — Dans ce cas là, Monsieur, ma phisionomie vous rend grâces puisque sans me connoître vous me donnez la préférence sur tous mes confrères. Cette conversation arrêta beaucoup de monde et me fit peut-être connoître à la plupart des députés.

Vous aurez été surpris de ne pas trouver dans le controlle le nom de M. de Beauvoir. La présence de M. de Chambonas qui porte le cayer l'auroit contraint de rester chez luy si l'archevêque de Narbonne ne l'avoit nommé pour la baronnie de tour du Gévaudan. Je luy remis avant hier la lettre de M. de Bernard chez M. l'intendant et nous devons dîner ensemble chez le président qui régale la députation de son corps Il a très-décemment harangué M. le Président des Etats.

Je passe très-souvent une heure avec l'abbé de Fraissinet chez qui je lis les nouvelles. Je vois aussi MM. Serre et Bonnet, avec lesquels j'ay fait grande connoissance. Le premier a beaucoup d'esprit et de politesse, ils pourroient m'être quelque jour utiles tous les deux.

J'ay vu la foire du port juvénal établie sur le canal de M. de Grave. C'est un spectacle curieux, à cause de la beauté de la campagne et de la quantité de monde de toute espèce qu'on y rencontre ; mais j'ay été bien plus frappé de la grandeur et de la magnificence avec laquelle on a célébré la messe à Saint-Pierre. Il y avoit douze évêques ou archevêques, la musique étoit excellente, et j'ay vu peu de choses plus dignes de l'attention et du Respect.

J'ay été étonné de la beauté des sales du spectacle et du concert, mais j'ai peutêtre encore plus admiré le gouvernement et l'évéché. J'ay vu plusieurs autres maisons superbes. C'est dans cette ville où l'on se pique à qui aura le plus bel escalier. Les marches de celuy des thresoriers de France ont 7 pieds 3 pouces longueur, 20 pouces largeur et 6 pouces de hauteur. Prenez là-dessus vos mesures pour celuy que vous ferez construire.

Touttes les portes de fer que j'ay vues ne sont pas couvertes. Les pilastres sont saillants portés sur une base et surmontés par des pots à feu ou par des urnes.

Ne soyez pas surpris si je ne vous parle point des affaires de la province: outre que je ne cherche pas à m'en instruire, je suis placé si loin du président qui barbouille et de M. de Montferrier dont la voix est cassée, que je ne puis rien entendre. Le greffier qui apelle les voix le fait avec assez de rapidité pour m'épargner la peine de donner la mienne, c'est la farce qui me réjouit le plus. On parle d'un emprunt de 6 millions que nous serons obligés de faire pour le

Roy. En attendant nous accordons des gratifications sans nombre. Cinq cents louis à Madame la duchesse, 7,000 livres au secrétaire du comte d'Eu etc. etc. L'argent ne nous coutte rien, nous le versons à pleine main.

Je n'ay pas encore eu l'honneur de voir un visage de femme qui aproche de ceux de M^e du lignon ou de la petite Rouanet. L'espèce des hommes est en général bien plus belle. C'est sans doute l'éducation qui détermine la différence du langage. Les dames ne parlent presque que le patois, qui est supportable si un jargon peut l'être; les Messieurs au contraire parlent très-bien le français et ont par dessus le marché beaucoup d'esprit; ils aiment le spectacle où les lorgnettes sont très-inutiles et écouttent volontiers.

Voilà le précis de ce que j'ay vu jusques icy. Je souhaite qu'il puisse vous amuser. Ma lettre est mal ditte et à pièces de rapport; j'ay vu qu'il valoit mieux vous la faire parvenir telle quel est que d'attendre pour en faire une bonne un temps que je ne trouveray peut-être jamais. Vous m'auriez une petite obligation si je vous aprenois le temps que j'ay sacriffié à vous écrire. Je suis, avec la plus tendre amitié et avec les sentiments de la plus vive reconnaissance, Monsieur,

Votre

De LABARTHE fils.

Faites agréer, je vous prie, à Me de Latude mon profond respect et l'envie que j'ay de connoître son cher petit mary. Il n'a pas encore paru à Montpellier. C'est une suite de mon malheur.

Quelque tendance à l'exagération que l'on suppose chez l'auteur de cette lettre, il est impossible que son imagination ou son esprit satirique aient fait tous les frais de son récit. La critique qui s'exerce sur des faits connus de tout le monde est rarement dépourvue d'un fond de vérité; et si les délibérations des États avaient présenté les garanties de dignité et d'indépendance qu'on était en droit d'attendre d'une telle assemblée, il est difficile de croire qu'un témoin oculaire, sans aucun motif de dépit ou de haine, les eût traités de *comédie*, de *farce*, de *charlatanerie*, et eût ri de la façon peu sérieuse dont les votes étaient recueillis.

Nous avons vu d'ailleurs que les procès-verbaux officiels, loin de contredire ces appréciations, viennent plutôt les confirmer.

M. de Lavergne a écrit : « Ce que le xviiie siècle admirait dans les États de Languedoc n'était que l'ombre d'une constitution qui ne vivait plus réellement. Dans sa lutte contre les empiétements de l'autorité royale, le Languedoc avait sauvé l'existence des États et les règles suivies pour la perception de l'impôt foncier ; mais il avait perdu, après la défaite et la mort du duc de Montmorency, son indépendance politique. Occupé militairement par les troupes royales, il avait cessé de s'appartenir. »

Est-ce bien la mort du duc de Montmorency qui marque le point de départ de la décadence de nos assemblées provinciales ? C'est possible ; mais personne, que je sache, n'en a encore donné la preuve. De ce qui précède nous sommes seulement autorisé à conclure que pendant la seconde moitié du xviiie siècle, et vraisemblablement depuis leur réouverture en 1752, les États de Languedoc n'étaient plus en réalité qu'un instrument entre les mains des évêques pour les affaires administratives, de la royauté pour les affaires politiques. Et cependant, malgré leurs faiblesses, malgré les vices de leur organisation, nos vieux États provinciaux ont droit à tous nos respects ; car, alors même qu'ils n'étaient plus qu'une ombre, cette ombre se dressait en face du pouvoir royal comme l'affirmation permanente du principe imprescriptible de la souveraineté de la nation.

NOTES ET PIÈCES JUSTIFICATIVES.

I

DES DISCUSSIONS DANS L'ASSEMBLÉE DES ÉTATS.

Les pages qui précèdent étaient imprimées lorsque j'ai eu connaissance d'un intéressant travail intitulé : *Le dernier président des États généraux de Languedoc, Monseigneur Arthur-Richard Dillon*[1]. L'auteur, après avoir parcouru les procès-verbaux des sessions qui touchent à son sujet, a été frappé comme moi du défaut d'initiative des membres de l'assemblée, de l'absence de toute discussion et de l'invariable formule approbative qui suit chaque rapport. Il cite en outre, d'après un remarquable discours que M. Senovert, capitoul de Toulouse, eut le courage de prononcer à l'ouverture des États de 1788[2], les anecdotes caractéristiques qui suivent :

« En 1760, Monseigneur de Laroche-Aymon, président des Etats, fit exclure de l'assemblée Monseigneur de Guenet[3], évêque de Saint-Pons, parce qu'il avait demandé, avec beaucoup trop d'instances, des explications sur une question mise en délibération. En 1785, Monseigneur Dillon interdit la parole à un évêque qui demandait des éclaircissements. « Monseigneur, lui dit le primat à cette occa-
» sion, ce n'est pas ici comme au parlement : la forme de nos assemblées n'admet
» aucune discussion. »

On pourrait croire, d'après ces deux faits, que les membres des États n'avaient

---

[1] Cette étude, qui a paru dans la *Revue d'Aquitaine* sous la signature Louis Audibert, est de M. Léon Galibert, auteur de l'*Histoire de la République de Venise*, de l'*Algérie ancienne et moderne*, et de plusieurs autres travaux estimés.

[2] Ce discours a été imprimé ; les exemplaires en sont très-rares. M. L. Galibert a bien voulu me communiquer celui qu'il possède.

[3] On a imprimé par erreur Quesnel dans le discours de M. Senovert. Il s'agit de monseigneur de Guenet, qui fut évêque de Saint-Pons de 1728 à 1769.

pas le droit de discuter en séance les résolutions qui leur étaient proposées ; ce serait une erreur : le règlement leur donnait expressément ce droit ; mais le mutisme et la soumission aux volontés du Président et de la Cour avaient fini par devenir une tradition.

J'extrais du Règlement de 1685 le passage suivant, qui a été reproduit à peu près dans les mêmes termes par celui de 1768 :

« Le silence sera gardé dans l'assemblée des Estats par tous ceux qui y assisteront, pendant qu'on y proposera les affaires ; et après la proposition, chacun y opinera à son tour, librement et paisiblement, sans qu'il soit permis à personne d'interrompre Monseigneur le président quand il parlera, ny d'opiner avant son rang, ou interrompre ceux qui opinent, ny de répéter sans nécessité ce qui aura esté dit par les premiers opinans ; mais chacun pourra après en avoir eu la permission de Monseigneur le président, demander des esclaircissemens sur la proposition avant qu'on y opine, ou dire ce qu'il aura pensé de nouveau pour soutenir son opinion et répondre a ce qui aura esté dit au contraire ; avec tant de modération neantmoins, que ceux qui ont opiné n'en soient pas offensez, et nul ne pourra sortir tumultuairement de l'assemblée, soûs pretexte qu'il n'agréeroit pas les opinions qui y seroient portées ou les résolutions qui y seroient prises ny recommencer de contester sur les points qui y auront esté deliberez par pluralité de suffrages, chacun estant obligé de s'y conformer.........................

....

» S'il arrivoit qu'aucun de ceux qui assisteront aux Estats offensât un député par des parolles injurieuses ou par quelque outrage, il pourra estre corrigé par Monseigneur le président, avec l'avis de l'assemblée, ou condamné a une amande, et même privé de l'entrée des Estats pour un temps, ou sa vie durant, selon la gravité de l'excez de quelque qualité que soit celuy qui l'aura commis [1]. »

C'est sans doute sur ce dernier article, interprété d'une façon quelque peu forcée, que se fondaient la mesure sévère provoquée par Monseigneur de La Roche-Aymon et les observations de Monseigneur Dillon.

Pour être tout à fait impartial, je dois dire que les États de 1761 répondirent négativement à l'une des demandes royales. Il s'agissait d'une somme annuelle de 700 livres pour les taxations du trésorier des fortifications, celles de son contrôleur et les épices de son compte. Sur le rapport de Monseigneur Dillon, archevêque de Toulouse, parlant au nom de la commission des affaires extraordinaires,

---

[1] *Règlements faits et deliberez par les gens des trois Estats de la Province de Languedoc ez années mil six cent quatre-vingt deux et suivantes, pour l'ordre et la discipline qu'ils veulent estre gardez en leurs assemblées, leus et enregistrez au mois d'octobre 1685.* — Imprimé sans lieu ni date. — (*Archives départementales de l'Hérault*, C. 854 (liasse), fonds de l'Intendance.

les États crurent, « sous le bon plaisir de Sa Majesté, ne devoir point délibérer cette imposition, qui n'intéresse point le bien de son service, et supplier très-humblement Sa Majesté de ne pas l'exiger [1] ».

La portée de cet acte d'indépendance est singulièrement diminuée par une note [2] non signée, adressée à M. de Saint-Priest, et de laquelle il résulte que la demande repoussée par les États avait été insérée dans les instructions royales par le maréchal de Thomond, gouverneur de Languedoc, qui venait de mourir. On n'avait donc à craindre de mécontenter personne en refusant une modique somme qui n'intéressait point, comme le dit le procès-verbal, le bien du service de Sa Majesté.

II

DE LA REPRÉSENTATION DU TIERS-ÉTAT DANS L'ASSEMBLÉE PROVINCIALE DE LANGUEDOC.

Les auteurs qui ont parlé de l'organisation des États de Languedoc n'ont pas toujours parfaitement compris ou clairement expliqué la manière dont s'opérait la représentation du tiers-état de la province.

Cet ordre comptait soixante-huit députés, c'est-à-dire trois fois plus environ que chacun des deux autres ordres; mais il n'avait en tout que quarante-six voix, deux députés d'une même ville ou d'un même diocèse n'ayant le plus souvent qu'une voix à eux deux. De ces soixante-huit membres appartenant au tiers-état, trente-six représentaient vingt et une des villes chefs-lieux de diocèses; quelques-unes de ces villes avaient deux députés, d'autres un seul.

On sait qu'en Languedoc le diocèse était à la fois une circonscription ecclésiastique et une circonscription administrative; mais, tandis qu'on y comptait vingt-trois diocèses ecclésiastiques, il y avait vingt-quatre *diocèses politiques*, Limoux et sa circonscription ayant conservé le titre de diocèse après la translation du siège épiscopal à Alet.

Le chef-lieu du diocèse de Viviers n'était pas représenté chaque année; son tour de députation n'arrivait que tous les huit ans, au même titre que les sept autres villes du diocèse. Les chefs-lieux des diocèses de Montauban et de Comminges n'étant pas situés en Languedoc, n'avaient point à envoyer aux États. Les députés

---

[1] *Archives départementales de l'Hérault, procès-verbaux des États, session de 1761*, pag. 42, 43, 45 et 46. Les Procès-verbaux des États de Languedoc n'ont été imprimés qu'à partir de la session de 1777.

[2] *Archives départementales de l'Hérault*, C. 868 (liasse). — Cette note, datée du 6 juillet 1761, paraît écrite de la main du maréchal de Thomond.

les villes chefs-lieux étaient le plus souvent le maire et, lorsqu'il y avait deux députés, le lieutenant de maire ou un ancien consul.

Les trente-six députés dont nous venons de parler ne représentaient que les principales villes de la province ; pour que tout le Languedoc fût censé participer par ses mandataires aux délibérations de l'assemblée, trente-deux autres membres du tiers-état y représentaient les vingt-quatre diocèses de la province ; on leur donnait le nom de *diocésains*.

Les syndics des diocèses de Toulouse, Narbonne, Le Puy, Viviers, Mende, Saint-Papoul, Alby, étaient de droit au nombre des trente-deux députés des diocèses.

Les villes de Gignac, pour le diocèse de Béziers ; Marvéjols, pour le diocèse de Mende ; Pézenas, pour le diocèse d'Agde ; Fanjeaux, pour le diocèse de Mirepoix ; Clermont, pour le diocèse de Lodève ; Castelnaudary, pour le diocèse de Saint-Papoul ; et Valentine, pour le diocèse de Comminges, envoyaient chaque année un député aux États. Cent vingt-six autres villes ou communautés, réparties en nombre très-inégal dans seize diocèses, envoyaient par tour un député (ordinairement leur consul) pour leur diocèse respectif. C'était à ces derniers membres du tiers-état que l'on donnait plus particulièrement, dans les procès-verbaux de l'assemblée, le nom de *diocésains*. Tous les députés du Tiers devaient apporter une procuration des consuls de leur ville ou du conseil de leur communauté, à l'exception des syndics désignés plus haut et du diocésain de Limoux, qui entraient en vertu d'une procuration de l'assemblée de l'assiette de leur diocèse ou des États particuliers de leur pays.

On remarquera que sur les soixante-huit représentants du Tiers à l'assemblée de 1761, vingt-cinq au moins sont nobles, ont des noms d'apparence nobiliaire ou, comme l'indique leur profession, vivaient noblement.

III

ROLLE DE CEUX QUI ONT ASSISTÉ AUX ÉTATS GÉNÉRAUX DE LA PROVINCE DE LANGUEDOC, ASSEMBLÉS PAR MANDEMENT DU ROY EN LA VILLE DE MONTPELLIER AUX MOIS D'OCTOBRE, NOVEMBRE ET DÉCEMBRE 1761 [1].

Prélats en personne.

Messire Charles-Antoine de la Rocheaimon, archevêque et primat de Narbonne, président-né des États, grand-aumônier de France, commandeur de l'ordre du Saint-Esprit.

---

[1] J'ai cru utile de publier la liste officielle des membres de l'assemblée de 1761. Les indications relatives aux procurations des vicaires-généraux et des envoyés de la noblesse, n'offrant

Messire Arthur-Richard Dillon, archevêque de Toulouse.
Messire François Regnault de Villeneuve, évêque de Montpellier.
Messire Armand Bazin de Bezons, évêque de Carcassonne.
Messire Bonaventure Baüyn, évêque d'Usès.
Messire Charles-Prudent de Becdelièvre, évêque de Nismes.
Messire Antoine de Lastic, évêque de Commenge.
Messire Jean-Georges Lefranc de Pompignan, évêque du Puy.
Messire Bruno de Bausset de Roquefort, évêque de Béziers.
Messire Joseph Rolin de Mons, évêque de Viviers.
Messire Jean-Baptiste-Joseph de Fontanges, évêque de Lavaur.
Messire Jean-Félix-Henry de Fumel, évêque de Lodève.
Messire Jean-Sébastien de Barral, évêque de Castres.
Messire Jean-Louis Dubuisson de Beauteville, évêque d'Alais.
Messire Charles-François-Simon de Saint-Simon de Sandricourt, évêque d'Agde.

Vicaires-généraux.

Monsieur Louis-François de Cléry, vicaire-général de Messire Léopold-Charles de Choiseul, archevêque d'Alby.

Monsieur Charles-François de Retz de Fraissinet, vicaire-général de Messire Gabriel-Florent de Choiseul Beaupré, évêque de Mende.

Monsieur Louis Boisson, vicaire-général de Messire François de Bocaud, évêque d'Alet.

Monsieur Joseph Galibert, vicaire-général de Messire Paul-Alexandre de Guenet, évêque de Saint-Pons.

Monsieur Michel de Blondeau[1], vicaire-général de Messire Michel de Vertamon de Chavagnac, évêque de Montauban.

Monsieur Barthélemy Boyer, vicaire-général de Messire Jean-Baptiste de Champflour, évêque de Mirepoix.

Monsieur Jean-François-Cezar Lecomte, vicaire-général de Messire Daniel Bertrand de Langle, évêque de Saint-Papoul.

Monsieur François-Joseph de Ver, vicaire-général de Messire Jean-Marie de Catellan, évêque de Rieux.

---

aucun intérêt, je les ai supprimées; mais j'ai conservé, en l'abrégeant, la mention des titres produits par les députés du Tiers, pour leur entrée aux États : on peut y trouver des éclaircissements pour la question un peu confuse de la représentation de cet ordre.

[1] Les procès-verbaux indiquent comme vicaire-général de Montauban, M. l'abbé Le Grand.

Noblesse.

Messire Scipion-Louis-Joseph de Lagarde, marquis de Chambonas, baron de Saint-Félix.
Messire Joseph-François de Caylus, baron dudit lieu.
Messire Marie-Antoine Brunet, marquis de Villeneuve, baron dudit lieu.
Messire Anne-Joseph de Loüet Demurat (sic) de Nogaret, marquis de Calvisson, baron dudit lieu.
Messire Henry-François de Carion, marquis de Nisas, baron de Murviel.
Messire Mathieu-Ignace-Alexandre-Félix Bessuejols, comte de Roquelaure, baron de Lanta.
Messire Louis-Marie-François-Gaston de Levis, marquis de Mirepoix, baron dudit lieu.
Messire Phillippe-Emanuel de Crussol, d'Uzès, de Saint-Suplice (sic), marquis de Saint-Suplice, baron de Castelnau de Bonnefous.

Envoyés de la Noblesse.

Monsieur le marquis d'Axat, envoyé de monseigneur Louis-François de Bourbon, prince de Conty, prince du sang, comte d'Alais, pour la baronnie d'Alais.
Monsieur Appollinaire de Vernis, seigneur de Villemont, envoyé de Messire Louis-Heraclius-Melchior-Armand, vicomte de Polignac, en cette dernière qualité.
Monsieur Louis-Gabriel de Rossel de Saint-Mamet, envoyé de Messire Charles-Emanuel de Crussol Saint-Sulpice, duc d'Uzès, premier pair de France, prince de Soyon, comte de Crussol, etc., baron de Tour du Vivarais[1].
Monsieur Jean-Alexandre de Beauvoir du Roure, nommé le 5 novembre 1761 par Monseigneur l'archevêque de Narbonne, président, pour remplir la place d'envoyé de Messire Denis-Auguste de Beauvoir de Grimoard, comte du Roure, baron de Tour du Gevaudan, pour la baronnie du Roure, attendu que ledit seigneur comte du Roure n'a point fourni de procuration pour entrer à sa place.
Monsieur Joseph-Marie de Faure de Saint-Chamaux, envoyé de Messire François-Charles, baron d'Aureville, pour laditte baronnie.
Monsieur François Antoine, chevalier de Tremolet Montpezat, seigneur de Saint-Just, envoyé de Messire Antoine de Bar, seigneur de Lavergne et marquis de Castelnau d'Estrefons (sic), pour lad. baronnie.

---

[1] Pour la baronnie de Crussol.

— 28 —

Monsieur Jean Leroy de La Roquette, seigneur de La Rouquette (*sic*), de Messire Joseph-Marie, comte de Lordat, seigneur et baron de Bram et pour ladite baronnie.

Monsieur de Vendomois de Belflou, nommé le 5 novembre 1761 par Monseigneur l'archevêque de Narbonne, président, pour remplir la place d'envoyé d'Ambres, attendu que les propriétaires de lad. baronnie n'a (*sic*) point fourni de procuration.

Monsieur Louis-Joseph de Lacroix, baron de Gauzac, aide-major des armées navalles de S.-M., envoyé de Messire Charles-Eugène-Gabriel de Lacroix, marquis de Castries et pour laditte baronnie.

Monsieur Jean Hyacinthe, vicomte de Grave, envoyé de Messire François Armand Desmontières, comte de Mérinville et autres lieux, pour lad. baronnie.

Monsieur Gabriel de Bruéis, baron d'Aigalliers, envoyé de Messire Charles-Emanuel de Crussol Saint-Suplice (*sic*), duc d'Uzès, premier pair de France, prince de Soyon[1], etc., pour lad. baronnie.

Monsieur Jean-Etienne de Guilleminet-Galargues, envoyé de Messire Charles Phillippe de Vissec de Ganges, marquis de Ganges, pour lad. baronnie.

Monsieur Pierre de Banne, nommé par Monseigneur l'archevêque de Narbonne, président, pour remplir la place d'envoyé d'Avejan, attendu que le propriétaire de lad. baronnie n'ayant point fait enregistrer son titre de propriété, elle est censée vacante suivant les règlements des Etats.

Monsieur de Thezan du Luc, nommé le 10 novembre 1761 par Monseigneur l'archevêque de Narbonne, président, pour remplir la place d'envoyé de Barjac, attendu que le propriétaire de lad. baronnie n'ayant point fait encore enregistrer son titre de propriété, elle est censée vacante suivant les règlements des Etats.

Monsieur le marquis de Béon, nommé par Monseigneur l'archevêque de Narbonne le 26 novembre 1761 pour remplir la place d'envoyé de Tornac, attendu que le propriétaire de lad. baronnie n'a point fourni de procuration pour entrer à sa place.

Tiers-État.

TOULOUSE.

M[rs]. Jean-Pierre-Bertrand Faget, capitoul, et Jacques Moncassin, ancien capitoul, par pouvoir donné et signé par M[rs]. les Capitouls, le 12 octobre 1761, en conséquence de la deliberation prise le 11 dud. mois en conseil général.

---

[1] Il faut intercaler ici le titre de baron de Florensac ; c'est pour la baronnie de Florensac que M. de Brueis, baron d'Aigalliers, entre aux États.

M. Jean-Jacques Davessens de Moncal, coseigneur de Montesquieu etc. maire de Montesquieu, diocezain de Toulouse.

Et M. François-Henry de Peytes, seigneur de Montcabrié, sindic du diocese de Toulouse, par procuration de M^{rs}. les commissaires ordinaires de l'assiette du diocese de Toulouse.

MONTPELLIER.

M^{rs}. Jean-Antoine de Cambaceres, maire, et Antoine Reboul, lieutenant de maire, par procuration de M^{rs}. les consuls de lad. ville.

M. Jean Galfier, maire de Ganges, diocesain de Montpellier, par deliberation du conseil ordinaire de lad. communauté.

CARCASSONNE.

M. François-Antoine Roudil de Berriac, maire, et M. Jean-François de Besaucelle, lieutenant de maire, par pouvoir donné et signé par M^{rs}. les consuls de lad. ville le 16 octobre 1761, en conséquence de la deliberation du conseil de lad. communauté du dit jour.

M. Ferrier, maire de Lagrasse, diocesain de Carcassonne, par deliberation de lad. communauté.

NISMES.

M. Jean-Louis Rouviere de Laboissiere, maire de Nismes, et M. Jean-André Alison, lieutenant de maire de lad. ville, par procuration de M^{rs}. les consuls de lad. ville du 17 octobre 1761, suivant la deliberation du conseil de lad. ville du meme jour.

M. Estienne de Roquezy, seigneur de Clauzonette, maire de Beaucaire, diocesain de Nismes, par deliberation du conseil de lad. ville.

NARBONNE.

M^{rs}. François Carquet, maire, et Barthelemy Aurès, lieutenant de maire de Narbonne, par procuration de M^{rs}. les consuls de lad. ville du 18 octobre 1761, suivant le pouvoir a eux donné par deliberation de la communauté du même jour.

M. Pierre Fons, maire et premier consul de Nissan, diocesain de Narbonne, par deliberation de lad. communauté.

M. Jean-Hyacinthe Lassere, sindic du diocese de Narbonne, par pouvoir de M^{rs}. les commissaires ord^{res} dud. diocese.

LE PUY.

M. Benjamin de Capon, maire du Puy, par procuration de M^{rs}. les consuls de lad. ville.

M. Jean-François-Armand Bergonhou, écuyer, seigneur de Rachat, lieutenant de maire du Puy, par procuration de M^{rs}. les consuls de lad. ville.

M. Jerphanion, sindic du Velay, par deliberation des Etats particuliers du dioceze du Puy et pays du Velay.

BÉZIERS.

M^{rs}. Guibal, maire, et Rey, lieutenant de maire de Béziers, par deliberation de lad. communauté de lad. ville.

M. Pierre Estor, maire de Gignac, diocesain de Béziers, par deliberation de la communauté de lad. ville.

UZÈS.

M^{rs}. François-Gabriel de Froment, seigneur de Boisset, maire, et Joseph Chambon, lieutenant de maire d'Uzès, par procuration du 15 octobre 1761 de M^{rs}. les consuls de lad. ville, en conséquence de la deliberation de la communauté du 14 dudit.

M. Mathieu Thibou, maire de Saint-Esprit, diocesain d'Uzès, par procuration de M^{rs}. les consuls de laditte ville.

M. Jean-Baptiste Desaifres, maire de Barjac, diocesain d'Uzès, par procuration de laditte communauté, du 18 octobre 1761, signée des consuls et autres habitants.

ALBY.

M. Joseph-Samüel Verchant, maire, et Jean-Baptiste Darthus de Poussoy, lieutenant de maire d'Alby, par procuration des sieurs consuls de lad. ville.

M. Bernard Galy, maire de Cordes, diocesain d'Alby, par procuration des sieurs consuls de lad. ville.

M. Robert-Hyacinthe Guerin, sindic du diocese d'Alby, par la deliberation de l'assiette du diocese.

VIVARAIS.

M. Jean-Joseph de Fages de Rochemure, sindic du pays de Vivarais, par procuration de l'assemblée dud. pays.

M. Joseph-Barthélemy de Laforest, député de Joyeuse, diocesain du Vivarais, par deliberation de la communauté du 11 octobre 1761, signée des consuls et autres habitants.

MENDE.

M. Melon, maire de Mende, par deliberation de la communauté de lad. ville.

M. Silvestre Daudé de Labarthe, député de Marvejols, diocesain de Mende, par procuration des sieurs consuls de lad. ville.

M. Lafont, sindic du pays du Gevaudan, par deliberation de l'assiette dud. pays.

CASTRES.

M. Jean-Jacques-Antoine Farjon, maire de Castres, et M. Barthelemy Lamouroux, lieutenant de maire de lad. ville, par procuration de M^{rs}. les consuls.

M. de Portalon, maire de Saint-Gervais, diocesain de Castres, par deliberation de lad. communauté.

SAINT-PONS.

M^{rs}. Raoux, maire, et Bruguiere, lieutenant de maire de Saint-Pons, par procuration de M^{rs}. les consuls de lad. ville.

M. Joseph-Barthelemy Terral, maire de Cruzy, diocesain de Saint-Pons, par deliberation de lad. communauté.

AGDE.

M. Etienne Sicard, maire, et M. Jean Embry, lieutenant de maire d'Agde, par procuration de M^{rs}. les consuls.

M. Imbert, maire de Pézenas, diocesain d'Agde [1].

MIREPOIX.

M. Barthelemy Davranche, maire de Mirepoix, par procuration de M^{rs}. les consuls.

M. Louis Delpuech de Brujas, maire de Laroque-Dolmes, diocesain de Mirepoix, par procuration des consuls de lad. ville.

M. Argelliers, maire de Fanjaux, diocesain de Mirepoix, par procuration des consuls du 12 octobre 1761, signée des consuls et autres.

LODÈVE.

M. Luchaire, lieutenant de maire de Lodève, et M. Pierre-Fulcrand de Belliol, député de lad. ville, par deliberation de lad. communauté.

M. Claude-Etienne de Querelles [2], maire de Clermont, diocesain de Lodeve,

---

[1] M. Imbert, capitaine au régiment des grenadiers royaux de Mehegan, étant employé au service du roi dans l'armée du maréchal de Broglie, est dispensé d'assister aux États sans rien perdre des honneurs et émoluments. Le sieur Imbert est censé présent, et les États refusent d'admettre à sa place un autre député de Pézenas. (*Archiv. départ. de l'Hérault*, proc.-verb. des États de 1761. pag. 8. — Lettre du comte d'Eu, fonds de l'Intendance, C. 868, liasse.)

[2] Le sieur de Querelles, aide-de-camp du comte de Stainville, fut dispensé, comme le sieur Imbert, d'assister aux États, sur la recommandation du comte d'Eu. (*Archiv. départ. de l'Hérault*. C. 868, fonds de l'Intendance.)

par procuration du 12 octobre 1761, signée par les S^{rs}. deputés de lad. communauté.

LAVAUR

M. Claude Fabre, maire, et M. Guibal, lieutenant de maire, par procuration de lad. communauté.

M. Noé Basset, maire de Puilaurens, diocesain de Lavaur, par deliberation de lad. communauté.

SAINT-PAPOUL.

M. Pouget, maire de Saint-Papoul, par deliberation de lad. communauté.

M. Jean-Martin de Ménard, maire de Castelnaudary, par procuration de lad. communauté du 12 octobre 1761, signée des S^{rs}. consuls et autres.

M. Gilles de Ribeyran de Saint-Eugène, sindic du diocese de Saint-Papoul, par deliberation de l'assiette dud. diocese.

ALET ET LIMOUX.

M. Germain de Larouquette, maire d'Alet, par procuration des consuls.

M. Hyacinthe-Honnoré Peyre, maire de Limoux, par procuration des consuls.

M. Jean-Pierre Fourié, deputé de Belcaire en Sault, diocesain d'Alet, par procuration de lad. communauté.

M. Escaich, diocesain de Limoux, par procuration de M^{rs}. les commissaires ordinaires de l'assiette du 8 may 1761, en consequence de la deliberation de l'assiette du 5 dudit.

RIEUX.

M. Coudougnan, maire de Rieux, par deliberation de lad. communauté.

M. Charles Watelin, maire de Montesquieu, diocesain de Rieux, par deliberation de lad. communauté.

ALAIS.

M. François de Ribes, maire d'Alais, et M. Charles Champetier, lieutenant de maire de lad. ville, par deux procurations du même jour 11 octobre 1761, signées de M^{rs}. les consuls en conséquence de la deliberation de lad. communauté du même jour.

M. Michel-Joseph Grenier, maire d'Andnzs, diocesain d'Alais, par deliberation de lad. communauté.

MONTAUBAN.

M. Jean-Pierre Prades de Lavalette, maire de Castel-Sarrazin, diocesain de Montauban, par procuration de M^{rs}. les commissaires ordinaires de l'assiette.

COMMENGE.

M. Paul, maire de Valentine, diocésain de Commenge, par procuration de Mrs les commissaires ordinaires du diocèse.

Fait et arrêté pendant la tenüe des Etats, à Montpellier, le vingt et huitieme du mois de novembre mille sept cent soixante un.

De LAROCHE-AIMON, archevêque de Narbonne, *president*.

Du mandement de Nosseigneurs des États :

CARRIÈRE.

(*Archives départementales de l'Hérault*, Rôles des Etats.)

Officiers de la province[1].

Jean-Antoine Duvidal, seigneur de Monferrier, syndic général de la sénéchaussée de Carcassonne[2].

René-Gaspard de Joubert, syndic général de la sénéchaussée de Beaucaire et Nimes.

Joseph de Lafage, syndic général de la sénéchaussée de Toulouse.

Joseph de Lafage fils, seigneur de Saint-Martin, syndic général en survivance.

Claude de Carrière, secrétaire et greffier des États au département de Toulouse.

Jean-Baptiste Rome, secrétaire et greffier des États au département de Montpellier[3].

Guillaume-Mazade de Saint-Bresson, trésorier de la bourse des États.

Cassagne, huissier des États.

Vivaise, huissier des États.

Commissaires du roi.

Charles duc de Fitz-James, pair de France, chevalier des ordres du Roi, lieutenant-général de ses armées, gouverneur et lieutenant-général pour le Roi de la province du haut et bas Limousin, colonel du régiment Irlandais de Berwick, infanterie, commandant en chef dans la province de Languedoc et sur toutes les côtes de la Méditerranée.

---

[1] Pour compléter la nomenclature des personnes qui sont entrées à l'Assemblée de 1761 nous donnons la liste des officiers de la province et des officiers du roi.

[2] Jean-Antoine Duvidal obtint l'érection en marquisat de sa terre de Montferrier, à l'occasion du don du vaisseau de 80 canons fait au roi par les États de 1761. (Voyez : *Les officiers des États de la province de Languedoc*, par le vicomte de Carrière. Paris, 1865.)

[3] Anobli à l'occasion du don du vaisseau de 80 canons.

Jean-Emmanuel Guignard, vicomte de Saint-Priest, maître des requêtes honoraire, intendant de la province.

Jean-Pierre Guy de Villeneuve, trésorier de France de Toulouse.

Pierre Magnol, trésorier de France de Montpellier.

M. Branchu, secrétaire et greffier pour le Roi aux États.

Brun, huissier des commissaires du Roi.

Lieutenant général de tour.

Louis-Philogène Brulart, marquis de Puysieulx, comte de Sillery, lieutenant-général dans le bas Languedoc.

Archiv. départem. de l'Hérault, Procès-verbaux des États de 1761;— *Controlle des logements de Nosseigneurs des Etats de la province de Languedoc, assemblez à Montpellier le 22 octobre 1761.* Montpellier, de l'imprimerie Jean Martel[1].

IV.

COMMISSIONS.

Les commissions de l'Assemblée des États de 1761 étaient au nombre de dix, désignées de la manière suivante dans le procès-verbal :

Commission des affaires extraordinaires ;
Commission des travaux publics ;
Commission pour examiner l'état des manufactures ;
Commission pour travailler à la vérification des impositions des assiettes des diocèses ;
Commission pour travailler avec les commissaires du Roi à la vérification des impositions des communautés ;
Commission pour travailler avec les commissaires du Roi à la vérification des dettes des diocèses et des communautés ;
Bureau des recrues ;
Commission pour dresser la ligne de l'étape ;
Commission pour dresser le cahier qui doit être présenté au Roi ;
Bureau des comptes.

On voit qu'il n'y eut pas, durant cette session, de commission d'agriculture. L'étude des questions agricoles intéressant la province avait d'ailleurs été attri-

---

[1] J'ai complété les indications de ces documents par des renseignements puisés à des sources diverses. M. Émile Magnol, par exemple, a bien voulu me donner le prénom de son parent Pierre Magnol, trésorier de France et commissaire du roi aux États de 1761.

buée à une commission composée de commissaires du Roi et de membres des États, qui avait été instituée par lettres patentes du 30 janvier 1734 « pour la réformation des abus introduits dans l'administration des affaires des villes et communautés de la province de Languedoc [1] ».

Les membres des commissions ou commissaires étaient désignés par l'archevêque président des États. Quelques membres de l'assemblée avaient le droit d'entrer dans une commission déterminée : les capitouls de Toulouse, par exemple, devaient toujours faire partie du bureau des comptes.

Les membres de ce bureau, ceux du bureau des recrues, de la commission chargée de vérifier les impositions des communautés et de la commission de vérification des dettes des diocèses et des communautés, recevaient des rétributions diverses sous le nom d'épices, honoraires et jetons. C'est à ces rétributions que M. de La Barthe fait allusion lorsqu'il parle, dans la lettre que je publie, de l'attention que l'on accorde aux *employés aux bureaux des comptes*, aux *recrues*, et à *ceux qui travaillent chez le commandant*. Ces derniers sont les membres des deux commissions qui étaient chargés, de concert avec le commandant de la province et les autres commissaires du Roi, de vérifier les impositions des communautés et les dettes des communautés et des diocèses.

V.

DOCUMENTS RELATIFS AU DON D'UN VAISSEAU FAIT AU ROI PAR LA PROVINCE.

A. — *Lettre du Ministre de la marine à l'Intendant de Languedoc.*

Versailles, le 16 novembre 1761.

M. l'Archevêque de Narbonne, Monsieur, vous communiquera, sous le secret, un projet qu'il seroit de la plus grande importance de faire réüssir pour le rétablissement de la marine et dont le Roy a extremement à cœur l'exécution ; vous ne devez y entrer dans la place que vous occupez qu'autant que vous pourrez y influer par votre crédit et vos connoissances personnelles, sans qu'il paroisse que je vous en aye rien écrit. Je ne suis pas en peine que vous ne sentiez toutte l'importance de cette opération, et que vous ne vous y portiez avec autant de zele que de ménagement en tout ce qui pourra dépendre de vos soins particuliers.

J'ay l'honneur d'être très-parfaitement, Monsieur, votre très-humble et très-obeïssant serviteur,

M. de Saint-Priest.   Le duc de Choiseul.

(*Arch. dép. de l'Hérault*, C. 868, liasse ; fonds de l'Intendance. — Original.)

---

[1] *Archives départementales de l'Hérault*, procès-verbal des États de 1761, pag. 420.

B. — *Extrait des Procès-Verbaux des États de* 1761.

Les Etats avisant aux moyens de mettre Monseigneur l'Archevêque de Narbonne en état d'effectuer l'offre contenüe dans leur deliberation de ce jour, ont donné pouvoir aux Sindics generaux d'emprunter la Somme de quatre cent mille Livres, et en cas d'Insufisance jusques à Concurrence de sept cent mille livres, pour être les dittes sommes employées à la Construction d'un Vaisseau de ligne de soixante-quatorze pièces de Canon, et payées sur les ordres de mon dit Seigneur l'Archeveque a qui besoin sera. Lequel emprunt sera fait à Constitution de rente au denier vingt, avec, sous le bon plaisir du Roy, les memes exemptions, et autres avantages de ceux pour lesquels la province a prêté son Crédit à Sa Majesté, au payement des interets duquel emprunt, jusques à ce que le Capital puisse en être remboursé par la province dans des tems plus heureux, il sera pourvü ainsy qu'il sera reglé aux Etats prochains.

Messieurs les Eveques et barons icy presents ayant déclaré d'avance qu'ils entendent ceder leurs pensions pour servir au payement de partie des dits interets, ce qu'ont offert pareillement les Sieurs Députés du tiers Etat et les officiers de la province par raport a leurs montres, pour le soulagement des redevables.

(*Arch. dép. de l'Hérault.* Procès-verbaux des États 1761.)

C. — *Note relative à l'offre faite par les députés du Tiers-Etat.*

Après la deliberation prise aux Etats de faire présent au Roy d'un Vaisseau de ligne. M^{rs} les Prélats et Barons determinèrent d'employer les pensions que leur donne la province pour faire fonds aux interets de la Somme qui seroit empruntée à ce Sujet.

Messieurs les deputés du tiers Etat ayant offert également par acclamation de faire servir au meme objet le produit des montres que la province leur donne aussi, M^{rs} les Prélats et Barons leur ont représenté que ce temoignage de leur zele et de leur amour auroit tout son merite quoiqu'il ne fut pas accepté, que le fonds necessaire seroit assés parfourni par les pensions que le haut banc avoit déja destinées sans recourir a celles du tiers Etat.

Sur quoi le Capitoul deputé de Toulouse prenant la parolle au Nom de tous les autres deputés du tiers Etat, a insisté plus fortement, et a dit qu'il rapeloit à cette occasion la deliberation qui fut prise dans le Senat de Rome, lors qu'ayant a fournir aux besoins pressants de la republique et a soulager en meme tems les besoins du peuple, il fut determiné que les Senateurs porteroient au trésor public tout le Superflu de leurs richesses et de leur fortune, que cet exemple de zele et de generosité pour la Cause Commune suivi des Chevaliers Romains le fut également de la part des tribuns et du peuple dont les dons ne furent pas rejettés, et qui eut le bonheur de concourir par là de tout son pouvoir aux Succès d'une glorieuse Campagne qui subjuga les Siciliens, que le tiers Etat plein de respect pour les ordres superieurs qui formoient avec lui l'assemblée de la province croyoit pouvoir en egaler tous les membres par le sentiment et que s'il ne pouvoit se dissimuler la différence des rangs et des fortunes, du moins pouvoit il pretendre au droit de contribuer dans l'ordre des proportions aux demonstrations et aux preuves effectives d'amour et de fidelité pour le Prince, d'Ardeur et de Courage pour le bien de l'Etat.

(*Arch. dép. de l'Hérault*, C. 868, liasse; fonds de l'Intendance.)

D. — *Lettre du contrôleur général des finances.*

A Versailles, ce 3 decembre 1761.

Monsieur

Vous m'avez fait un vrai plaisir en m'aprenant par votre lettre du 26 novembre la marque particuliere de zele que les Etats de Languedoc ont donné au Roy en lui offrant de leur pur mouvement [1] un Vaisseau de soixante-quatorze Canons. Sa Majesté en acceptant ce don a temoigné y etre très sensible ainsi qu'au combat de generosité d'entre les membres des trois Ordres pour se charger de la depense sans que les peuples de la province pussent s'en ressentir. Elle a marqué aussi beaucoup de Satisfaction du discours du Sr Faget portant parole pour le Tiers Etat, et je ne doute pas qu'il n'en eprouve l'effet par quelque grace particuliere de Sa Majesté [2]. M^r l'Archeveque de Narbonne ne m'a point envoyé les extraits des deliberations prises a ce Sujet, mais il m'a marqué qu'il me les remettroit a son Arrivée. Je les attends pour juger de ce qu'il y aura a faire sur les

---

[1] Il est curieux de rapprocher cette phrase de la lettre du duc de Choiseul que nous donnons ci-dessus.

[2] M. Faget reçut du roi une pension de 2000 livres et la promesse du cordon de Saint-Michel à la première nomination qui serait faite. (Lettre du duc de Choiseul à l'archevêque de Narbonne du 4 décembre 1761. — Même liasse que les documents ci-dessus.) Le même dossier des *Archives départementales de l'Hérault* contient différentes pièces concernant le don du vaisseau. Je signalerai, outre celle que je publie, une lettre du roi « aux gens des trois Etats de la province de Languedoc », datée du 1er décembre 1761 et renfermant cette phrase : « Nous avons ordonné, comme chose juste et remarquable, que le vaisseau dont vous me faites don sera nommé le *Languedoc*, et qu'à perpétuité il y aura dans notre marine un vaisseau de même rang qui portera le même nom. » Le modèle conservé aux Archives municipales de Montpellier porte inscrit à la poupe le nom de *Septimania*.

moyens proposés pour le payement des interets de l'emprunt qui sera fait pour la construction de ce Vaisseau. Je suis

Monsieur

Votre trés humble et trés affectionné Serviteur

BERTIN.

M. de Saint-Priest.

(*Arch. dép. de l'Hérault*, C. 868, liasse; fonds de l'Intendance. — Original.)

VI.

CONFLIT ENTRE LES ETATS DE LANGUEDOC ET LE PARLEMENT DE TOULOUSE.

Les États, une fois lancés dans leur lutte avec le parlement, se crurent sur le point d'être abandonnés par la royauté. Un arrêt du conseil du 2 octobre 1761, annulant une décision de la cour souveraine de Toulouse, ajoutait comme une sorte de correctif cette phrase : « Sans entendre au surplus S. M. déroger aux »édits et déclarations concernant les enregistrements dans Ses Cours. » Les Etats, ou plutôt ceux qui les dirigeaient, s'émurent de ce qu'ils considéraient comme une défection du pouvoir central. On peut se faire une idée exacte du point où en était cette affaire pendant la session de 1761, par la lecture des deux lettres que je publie ici. Celle qu'a donnée le baron Trouvé, à la page 255 de son livre sur les *Etats de Languedoc*, est la réponse du contrôleur général à la lettre suivante de l'archevêque de Narbonne.

Lettre de M. l'Archevêque de Narbonne à M. le Contrôleur Général du 29 octobre 1761.

Vous sçavés combien j'ay insisté, M, pour que la cassation de l'arret du Parlement de Toulouse du 25 Juin dr fut prononcée d'une manière consequente aux dispositions des Arrets precedemment rendus par le Conseil sur la Confirmation des priviléges de notre province, et que je pusse faire valoir auprès des Etats comme une nouvelle preuve des bontés et de la protection du Roy propre à les engager à en témoigner leur juste reconnoissance en se prêtant à tout ce qu'on exige d'eux dans les circonstances presentes.

Je m'etois attendu aux obstacles que pouvoit mettre aux efforts de mon zele pour le Service du Roy, le defaut d'un prealable si necessaire, et ma prevoyance n'est que trop justifiée par les nouvelles representations que m'obligent de vous faire les principaux membres des Etats auxquels j'ay cru devoir faire part de l'expedition envoyée à nos Sindics Generaux de l'Arrêt du 2 de ce mois avant de le presenter à l'assemblée.

Je ne dois pas vous dissimuler, M, à quel point ils ont été surpris et affligés, non-seulement de ne trouver dans cet Arrêt aucune expression propre à faire connoitre au parlement le mécontentement du Roy, a assurer l'execution de ses Volontés et a detruire dans l'esprit des peuples les fausses et dangereuses maximes qu'on a voulu leur inspirer pour la publication solemnelle et l'enregistrement fait dans tous les tribunaux subalternes des Arrets du Parlement cassés par ceux du Conseil et egalement contraires à nos privileges et au respect du à l'autorité souveraine, mais d'y voir au contraire une disposition inutile par raport au point principal de la Contestation qu'a fait naitre le Parlement, et qui semble n'avoir eté ajoutée dans cet Arret que pour lui donner une espece de Satisfaction, et un desagréement aux Etats d'autant plus deplacé, qu'ils seroient dans le plus grand embarras pour deliberer sur les demandes qui doivent leur être faittes par MM. les commissaires du Roy si S. M. n'a la bonté d'expliquer d'une maniere precise ses veritables intentions sur la Contradiction evidente que presentent les termes de l'Arret que j'ay sousligné avec les dispositions claires de celui du 21 mars 1760, et des subsequents, qui ont confirmé d'une maniere si expresse et si solemnelle après le plus mûr examen, les droits, libertés et privileges auxquels on donne quoyqu'indirectement l'atteinte la plus réelle en faisant dire au Roy, *sans entendre au surplus S. M. deroger aux Edits et declarations concernant les enregistremens dans ses Cours.*

En effet comment entendre, ainsi que j'ay eu l'honneur de vous le repeter tant de fois, Cette clause et en faire une juste application qui ne soit pas entierement favorable aux prétentions du Parlement, tandis que nous avons cherché à laisser à l'ecart la question de la necessité des Enregistrements, en nous renfermant à prouver, comme nous l'avons fait de la maniere la plus victorieuse, que suivant nos privileges, ce n'etoit point en Vertu des Loix bursales que les impositions pouvoient estre faittes dans notre province, d'ou nous aurions pu conclure par la Consequence la plus directe et la plus vraye, que la formalité de l'enregistrement etoit inutile ou du moins superflûe puisque la Loy l'etoit elle-même en cette matiere, au lieu que le Parlement a au contraire toujours affecté de soutenir explicitement, que les impositions ne pouvoient etre etablies, reparties et levées qu'en vertu des Edits ou declarations duement et prealablement veriffiées par lui c'est-à-dire qu'elles ne pouvoient estre faittes que de son aveu.

Comment n'estre pas frappés du poids que donne à cette pretention les termes inserés dans le d^r arret et ne pas les regarder comme espece de derogation aux precedents dont les dispositions deviennent illusoires ainsy que l'execution, qui en est ordonnée dès-lors qu'elle implique [1] evidemment avec la restriction dont il sagit.

---

[1] Le mot *contradiction* a certainement été omis ici par le copiste inconnu de cette lettre,

Faittes y attention, M, et c'est le veritable nœud de la difficulté qu'on nous force de faire naitre et que je me suis chargé de vous prier de résoudre : *Nos deliberations sur les secours que le Roy nous demande doivent-elles dependre ou non de l'Enregistrement prealable au parlement, des Loix Bursales qui ordonnent des impots dans le reste du Royaume ?* Si elles sont subordonnées à cette formalité comme le parlement de Toulouze est autorizé à le croire après ce que porte l'arret en question et ce qu'aura vraisemblablement ecrit M. le Chancelier à cette Compagnie, nous voila necessairement arretés par le defaut de cet enregistrement en forme légale, à l'egard de la Continuation du 3e XXe et doublement de la Capitation, ou exposés à ne voir aboutir le desir invariable qu'ont les Etats de donner en cette occasion comme en toute autre à S. M. des preuves de leur zele; qu'a rendre odieux aux peuples leur administration, tandis que le Parlement jouissant de la recompense d'une resistence reprehensible leur paroitra meriter seul leur affection et leur Confiance.

Envisagés, M, cette position qui ne peut estre celle ou le Roy a voulu nous mettre en en jugeant par les precedents Arrets de son Conseil; pourquoy donc ne pas en ordonner simplement l'Execution et la soutenir d'une maniere efficace plustost que de donner lieu à des Equivoques dangereux par une reservation telle que celle qui excite nos justes plaintes.

Voila les reflexions de toutes les personnes les plus eclairées, et les mieux intentionnées que j'ay consulté avant d'engager une affaire qui peut avoir des Suites facheuses, souvenés-vous que les Etats sont toujours prêts à tout sacrifier pour le Service du Roy, que c'est d'eux dont on doit veritablement attendre les Secours qu'exigent les besoins de l'Etat, que leur Credit auquel on a encore recours en ce moment, deja assés affoibli par tant d'emprunts trop reiterés, qui ne peuvent que diminuer la Confiance, ne sçauroit se soutenir qu'a l'ombre des libertés et privileges si respectables par leur Ancienneté et leur Autenticité et qu'ils doivent prevaloir a la nouveauté des Sistemes faux et recherchés qu'on leur oppose.

Je profite du Courrier qui va porter la deliberation du Don Gratuit et de la Capitation pour vous faire parvenir plus promptement et sans affectation ces representations, ne doutant pas que par le bon usage que vous voudrés bien en faire, elles ne soient favorablement accueillies et ne nous procurent une reponse prompte et claire dont je puisse me servir auprès des Etats pour les mettre à même de remplir avec empressement les intentions du Roy par des deliberations que je n'ay suspendu que dans la Vüe de mieux servir S. M. du moins je n'aurai rien

---

conservée aux Archives départementales de l'Hérault dans les dossiers provenant de l'Intendance de Languedoc.

à me reprocher sur la Suite des evenemens lorsque je les aurai fait prevoir, et je me flatte qu'on ne me sçaura pas mauvais gré de cette precaution.

J'ay l'honneur.

(*Arch. dép. de l'Hérault*, C. 868, liasse; fonds de l'Intendance. — Copie.)

20 9bre 1761. M. le C. Gal.

M. je n'aurois pas manqué de uous rendre compte de ce qui s'estoit passé relatiuement a l'arret du 28 ebre dernier, si j'en auois esté sufisament instruit, mais comme on suit a mon egard le nouueau sisteme introduit depuis quelques années de ne me rien communiquer, ce n'a esté qu'après coup et en quelque sorte auec addresse, que j'ay sçu ce dont il s'agissoit.

M. Larch. de Narbone assembla chés luy quelques jours après son arriuée, celuy de Toulouse, les Eveques de Carcassone, de Monpellier, le baron de St-Felix et les sindics genux, peut etre même y auoit il quelques principaux membres du tiers Etat, Et ce fût la, que sans en auoir parlé aux Etats ny a moy, mais seulement a Mr le duc de Fitzjames, on arretta de uous faire des representations sur la teneur de l'arret ou plutost sur la clause qui le termine.

J'ay differré de repondre a la lettre particulière du 8 de ce mois par laquelle uous m'aués fait l'honneur de me parler de cette affaire, parce que j'esperois toujours que Mr de Narbone m'en diroit ou feroit dire un mot, mais le même Silence a esté obserué, et ce n'est que ce matin même que j'ay fait causer un homme admis dans le comité du primat et que j'ay appris, que content, ou paroissant l'estre de l'explication contenüe dans uotre lettre, l'arret du 2e 8bre seroit enuoyé dans touttes les communautés, mais qu'on ne le feroit pas signifier au parlement.

J'ay esté tres attentif a preuenir de politesses et d'Egards Mr Larch. de Narbone, il uist auec moy politiquement jusqu'a present, et je regarde cette *bonte* comme l'effet heureux du petit désagrement qu'il s'est procuré par sa tres grande faute; j'en conclud que la fermeté est souuent necessaire et ne peut que produire de Bons fruits.

S'il se passe quelque chose de particulier, je ne manqueré pas de uous en rendre compte.

J'ay esté fort inquiet du derangement de uotre santé, et c'est auec un uray plaisir que j'ay appris que uous esties bien retably.

J'ay Lh. d. a respect.

(*Archives de la Préfecture de l'Hérault*, C. 868, liasse; fonds de l'Intend. — Minute de la main de M. de Saint-Priest.)

VII.

Lettre au Roy

pour lui faire des représentations sur la triste situation du peuple de cette province au sujet de la prorogation du troisième vingtième et du doublement de la capitation.

Sire,

C'est toujours avec le meme zele et la meme fidelité que les Etats generaux de Votre Province de Languedoc, seuls Interprètes et organes des peuples dont l'administration leur est confiée, s'empressent d'accorder à Votre Majesté les secours que les conjonctures presentes rendent necessaires. Les besoins de l'Etat dont Elle est seul juge en reglent la mesure et la proportion, et Votre Majesté toujours occupée du moment heureux qui arretera la durée de ces secours, goute la satisfaction si digne du Roy père de ses peuples lorsqu'elle leur annonce le desir le plus sincère de les soulager.

Les Etats de votre Province de Languedoc ne peuvent sentir l'avantage d'être membres de cette grande Monarchie, sans être jaloux de sa gloire et de la Votre ; l'Honneur de la Nation, inseparable des interets de l'Etat, les anime, et si les sacrifices que l'amour de la Paix a inspirés à Votre Majesté coutent moins à son amour pour ses peuples que la necessité de leur imposer de nouvelles charges, l'empressement de la Province de Languedoc à s'y soumettre l'acquitte de ce qu'elle doit au Souverain et à la Patrie.

Etonnés, affligés meme des conditions que Votre Majesté, sensible aux besoins de ses peuples, s'est crüe obligée d'offrir à des ennemis injustes pour terminer une guerre que les hostilités les plus odieuses ont commencée, ils vous font le sacrifice de leurs biens et de leurs vies pour acheter une Paix qui ne seroit jamais heureuse pour eux si elle n'etoit pas solide, et que Votre Majesté n'acceptera jamais si elle etoit deshonorante.

L'Injustice peut triompher par des succès ; enivrée de ses avantages elle peut vouloir dicter les loix que des preventions orgueilleuses lui inspirent ; mais la paix qui porte sur de pareils fondements meriteroit-elle ce nom ? Les veritables interets des nations et des empires reprennent bientot leur niveau par la vicissitude des evenements, et, plus les interets sont blessés, plus la revolution est prompte.

Mais si la gloire du Prince et de la Nation, si des vües vraiment patriotiques inspirent ces sentiments à des citoyens, que ne doivent-ils pas attendre de la bonté et de la justice d'un monarque qui n'entreprend la guerre la plus juste que par necessité, et qui seroit vraiment digne de donner des loix en faisant la paix, parce qu'il est toujours maître de lui-meme ?

Tel est donc, Sire, le principe de la confiance de vos sujets de la **Province de Languedoc**. Leur impuissance ne servira qu'à donner un nouveau merite aux sacrifices qu'ils font à Votre Majesté. S'ils l'oublient lorsqu'il s'agit de lui faire de nouveaux dons, c'est dans ce moment là meme qu'ils acquierrent de nouveaux droits sur le cœur de Votre Majesté, et le recit de leurs malheurs ne lui paroîtra jamais plus sincere et plus fidelle que lorsqu'il sera dicté par la soumission et l'ardeur la plus vive pour son service.

Et que pourrions-nous dire en ce genre, Sire, qui n'ait eté dejà mis sous les yeux de Votre Majesté qui a bien voulu y être sensible? Nous nous flattons ou plutôt nous sommes assurés que Votre Majesté nous previent lors que nous avons l'honneur de lui exposer que la continuité des maux que nous eprouvons les fait croître dans une proportion qui devient tous les jours plus funeste. La multiplicité et la durée des charges ôtent toute ressource aux cultivateurs, à qui il ne reste que l'esperance de jours plus heureux et un attachement qu'on pourroit dire aveugle au patrimoine de leurs pères. La langueur ou plutôt l'interruption du Commerce tombe egalement sur les productions du sol et sur celles de l'Industrie; et dans le moment, où il sembleroit que celle-ci voudroit s'etendre et s'animer par de nouveaux etablissements, elle est comme etouffée par le defaut de consommation. La misere des peuples concourt aussi avec les suites d'une guerre opiniâtre et cruelle pour depeupler les villes et les campagnes. Les efforts meme qu'on fait à l'envi pour favoriser les grands objets de la population, de l'Agriculture et du Commerce, quelque louables qu'ils puissent être, decouvrent que les maux sont trop etendus pour que la paix seule en soit le remede. Elle pourra sans doute en arreter la durée et les progrès, mais ce n'est pas assez pour rendre la vie à ce qui est comme eteint, pour faire succeder la santé et la force à un epuisement devenu habituel, et pour ranimer le courage depuis si longtemps abattu par les progrès successifs de l'indigence. Si dans la Capitale de l'Empire et dans plusieurs villes qui partagent son opulence et qui imitent son luxe, ce n'est que sur ce luxe meme que pourroient tomber des retranchements qui y sont à peine connus, il n'en est pas de meme dans les provinces où l'espece de luxe que l'exemple de la Capitale y a introduit est toujours resserré par un revenu modique, qui dans des temps plus heureux et avec des mœurs plus sages auroit pu tenir lieu de richesse, mais qui suffit à peine aujourd'hui pour la subsistance.

De si grands maux, Sire, ne sont pas sans remede, et si la Paix combloit nos vœux en prevenant le terme de deux années, qu'il nous soit permis d'esperer que la triste situation des peuples de cette province eprouveroit un heureux changement par la cessation des nouvelles charges qu'ils viennent de s'imposer. La bonté de Votre Cœur paternel, de concert avec la sagesse de Votre Gouvernement, nous en assurent. Les fastes de cet Empire ont transmis à la Posterité, juste estimatrice des qualités qui forment les grands Roys, l'exemple de plusieurs de

Vos Augustes Predecesseurs, dont les regnes traversés par des evenements qui ont presque ebranlé la Monarchie, ont marqué les premiers moments du calme que leurs victoires leur ont assuré, par la diminution ou le retranchement des impôts. Vous leur avez succedé, Sire, en montant sur le premier trosne du monde; ils aimoient leurs peuples, vous les aimez comme eux et vous en êtes le Bien-Aimé. Non, Sire, Votre Majesté ne permettra jamais que l'indigence et l'epuisement de vos sujets puissent être imputés à d'autres causes qu'aux besoins de l'Etat. Dès que la Paix les fera cesser, Elle ne sera occupée qu'à les rendre heureux.

Il est encore, Sire, un autre objet que nous ne craignons pas de mettre sous les yeux de Votre Majesté : c'est l'emprunt, que l'impossibilité d'augmenter la capitation a rendu necessaire et que la prorogation de la meme augmentation oblige de renouveler. Plus la liberation des emprunts sera differée, plus la somme totale des interets devient un fardeau pesant et contraire meme aux intentions de Votre Majesté. Si Elle est donc obligée de mettre des bornes à la continuation de la remise qu'Elle annonce pour cette liberation, Elle l'augmentera sans doute par une juste compensation dans d'autres circonstances. Il est egalement onereux pour les peuples et dangereux pour l'Etat que les charges se perpetuent dans des termes aussi longs. Eviter ce double inconvenient par une plus promte liberation, c'est tout à la fois servir Votre Majesté et soulager ses peuples.

De si justes representations ne doivent-elles pas, Sire, nous inspirer la confiance que Votre Majesté voudra bien les recevoir avec Bonté? Puissent les peuples de Votre Province de Languedoc en eprouver les effets? Ils chercheront toujours à les meriter par le zele le plus empressé pour Votre service, par le desir le plus constant de Vous plaire, par les vœux les plus sinceres et les plus ardents pour Votre Gloire, qu'ils ne peuvent separer du bonheur que Votre Majesté leur procure.

Nous sommes avec, la plus respectueuse soumission,

Sire,

De Votre Majesté,

Les tres humbles, tres obeissants, tres fideles sujets et serviteurs,

Les gens des trois Etats de votre Province de Languedoc.

† DE LA ROCHE-AYMON,
Archeveque de Narbonne.

En Mandement de Monseigneur des Etats,

CARRIÈRE.

(Archives de la Préfecture de l'Hérault, *Procès-verbaux* manuscrits de l'Assemblée des États de Languedoc, 1761, pag. 376.)

VIII.

CAHIER DES ÉTATS DE 1761.

Le document dans lequel se peint le mieux la situation de la province est sans contredit le cahier qui était présenté au roi par la députation des États, surtout si l'on y joint les observations que l'intendant transmettait de son côté à la Cour en réponse à chaque article.

Le cahier de 1761, présenté l'année suivante, contenait six articles. Je publie le premier, le cinquième et le sixième, qui traitent de la modération des droits de sortie et de fret sur les vins et eaux-de-vie, de la situation générale de l'agriculture et de la libre exportation des grains.

Les articles 2, 3 et 4 n'offriraient que peu d'intérêt.

Dans l'article 2 les États se plaignent du « refus fait par les commis du trésorier des revenus casuels du Roy de recevoir l'annuel des offices municipaux réunis aux communautés de la province, en conséquence de l'abonnement accepté par le Roy et sur le pied réglé par l'arrêt de Son Conseil du 30 juillet 1754, sous l'injuste prétexte que ce payement devoit être accompagné de celuy du prêt ».

L'article 3 contient une demande d'indemnité en faveur des diocèses de Narbonne, d'Alby et de Lavaur « à cause de la perte totale des oliviers qui n'a pu être réparée dans le premier depuis l'année 1709, celle de la culture du pastel qu'a rendu inutile dans le second l'uzage de l'indigo, et une erreur dans l'allivrement du dernier qui ne sauroit être corrigée sans une refonte générale de celuy de toute la Province »; et en faveur de trente-neuf communautés « pour la mortalité ou la désertion de leurs habitans par le mauvais air ou par l'infertilité des terres ».

L'article 4 réclame un secours en faveur de diocèses et de communautés « qui ont eu des ouvrages indispensables à faire et ont dû augmenter leur dépense ».

Le Roy répond favorablement aux articles 3 et 4 et surseoit à statuer sur l'article 2 jusqu'à nouvel éclaircissement.

Je crois devoir faire remarquer que les articles du cahier, les observations de l'intendant et les réponses du roi ne se trouvent pas réunies dans un même document comme je les donne ici. Le cahier, avec les réponses royales à la suite de chaque article, se trouve à son rang dans la série des registres des Archives départementales de l'Hérault contenant par ordre chronologique les cahiers des États, les procès-verbaux des députations à la Cour et les états des frais de ces mêmes députations. Les dossiers du fonds de l'intendance m'ont fourni les observations de l'intendant écrites en marge d'une copie du cahier. Il m'a paru plus commode pour le lecteur de placer ces observations entre le texte de chaque article et la réponse du roi.

AU ROY.

Sire,

Article 1er.

Les Gens des trois Etats de votre province de Languedoc, vos tres humbles tres obeissants et tres fidelles Sujets et Serviteurs, representent tres humblement à Votre Majesté, que la moderation des droits de Sortie et de fret sur les Vins et Eaux de Vie du cru de la province qui en sortent par les ports de Cette, Agde, Lanouvelle et Aiguesmortes, fait depuis long tems le premier objet des tres humbles representations que leurs deputés sont chargés de porter aux pieds du trosne.

Cette grace qui tend à favoriser l'Exportation du Superflu d'une denrée trop abondante pour pouvoir etre consommée dans le pays, et dont le debit est absolument necessaire pour fournir aux redevables principalement du Bas Languedoc, le moyen le plus assuré de payer leurs Charges, et des lors utile non seulement à cette partie des Sujets de Votre Majesté, mais encore à ses finances en facilitant le recouvrement des impositions, et à l'Etat en general, auquel tout Commerce avec l'Etranger, dont les productions du Sol font la matiere, est toujours avantageux.

Elle contribue en meme tems à encourager la Culture d'une grande quantité de terres qui par leur mauvaise qualité ne sçauroient produire aucune espece de grains, et bien loin d'occasionner la moindre diminution dans la masse des droits des fermes de Votre Majesté, il a eté demontré par l'experience que le produit en etoit plustot augmenté, à proportion de la plus grande exportation.

Ces motifs qui ont porté jusques à present Votre Majesté à accueillir favorablement la demande des Etats, deviennent plus pressants soit par l'augmentation des impositions, soit par les obstacles que met la guerre maritime à cette branche de commerce.

A ces Causes, Sire, plaise à Votre Majesté accorder la meme moderation du tiers des droits de Sortie et de fret sur les Vins et Eaux de Vie du Crû de la province, qui en sortiront par les ports de Cette, Agde, Lanouvelle, et Aiguesmortes pendant l'année prochaine 1763 et les suivantes.

Observations de l'Intendant.

Il n'y a rien de changé aux motifs et aux Circonstances qui rendent cette moderation indispensable. Elle le devient encore plus par le peu d'esperance qui nous reste pour la recolte des Vins qui ne peut qu'être tres mauvaise à la suite de la Secheresse qui se soutient depuis trois mois.

Cette recolte fait cependant la principalle production du Bas Languedoc, et elle seroit entierement infructueuse et à Charge aux proprietaires sans la ressource de l'exportation à l'etranger.

L'apas de la moderation sur les droits de Sortie en favorise l'achat et la Ferme se refera abondament de la reduction par l'objet des droits sur l'exportation qui deviendra plus considerable.

Dans ces Circonstances nous sommes d'avis sous le Bon plaisir de Sa Majesté d'accorder encore cette année la moderation du tiers des droits de Sortie sur les Vins et Eaux de Vie du Crû de la province qui seront exportés au dehors par les ports de Cette, Agde, La Nouvelle, et Aiguesmortes.

Réponse du Roy.

Les raisons sur le fondement desquelles la province a appuié cette demande sont en grande partie communes à plusieurs autres provinces voisines dont le commerce peut souffrir considerablement d'une preference et d'un avantage qui tourne entierrement à leur detriment ; c'est ce qui determine Sa Majesté à n'accorder encore la meme grace que pour l'année 1763 seulement et sans tirer à consequence.

Article 5.

Quelle satisfaction, Sire, pour les Etats, si leurs Soins pouvant se borner à solliciter pour cette petite partie des habitants du Languedoc des Soulagements qui forment un si modique objet[1], ils n'avoient qu'à s'applaudir aux pieds de Votre Majesté de l'heureuse Situation du reste de ses sujets de cette province, mais trop eloignés malheureusement d'une position aussi desirable, ils se voyent au contraire dans l'affligente nécessité de retracer chaque année à ses yeux, le deplorable tableau des Calamités generales, qui ne faisant que croitre mettroient bientôt le Comble au decouragement des peuples, sans les remises qu'il plait à Votre Majesté de leur accorder pour reparer quoique d'une maniere bien insensible les pertes qu'ils essuyent par divers accidents devenus si frequents qu'on ne peut plus les regarder comme des cas fortuits ou imprevûs.

En effet, Sire, les proprietaires des fonds de terre dont les productions sont la première richesse, et qui suportent presque seuls tout le fardeau des impositions, ces agriculteurs si pretieux à l'Etat, voyent chaque année evanouir l'Esperance, et le fruit de leurs travaux, tantot par des Gelées hors de Saison, ou une

---

[1] Allusion aux demandes d'indemnités et de secours contenues dans les articles 2, 3 et 4.

secheresse excessive ; là par des Brouillards malfaisants, qui gattent les grains et les fruits en maturité, icy par des insectes qui les devorent ; dans certains Cantons par les gresles, comme viennent de l'eprouver notement plusieurs Communautés du diocese de Beziers que ce fleau a entierement ravagé, et dans d'autres par les inondations qui detruisent non seulement les recoltes, souvent à la Veille de la moisson, mais degradent la Surface des terres au point de les rendre pour longtems infertilles.

Tant des (sic) Causes qui multiplient l'abandon des terres, rendent l'Inculture un mal contagieux, et les fonds cultivés ne peuvent meme l'être qu'imparfaitement par le defaut de facultés qui diminuent en proportion de l'augmentation des Impositions, occasionnée soit par le prix des abonnements des trois Vingtiemes, dont la plus grande partie confondue avec les autres Impositions tombe sur les fonds de terre roturiers, soit par les Interets des nouveaux emprunts substitués tant à la perception de certains droits nouvellement etablis, qu'à l'augmentation presque impossible des Taxes de Capitation ; enfin par le derangement du Commerce, le retardement des payements, le defaut de Circulation des Especes et l'avilissement du prix des Denrées dans les Cantons ou la gêne dans une libre exportation fait eprouver la misere au millieu de l'abondance.

Les Etats, Temoins de ces maux se les dissimulent Sire, lorsqu'il est question de donner à Votre Majesté de nouvelles preuves de leur fidelité, et de leur zele, et de servir d'Exemple à tant d'autres Sujets qui s'empressent à l'Envi de luy donner des Temoignages eclatans des memes Sentiments qui caracterisent les Cœurs Francois. Mais ils ne peuvent se dispenser de les faire connoitre à un Souverain qui ne sçauroit les voir sans en être touché, et qui peut seul y remedier.

A ces Causes, Sire, plaise à Votre Majesté accorder une remise sur les Impositions qui, jointe à la Somme reservée sur le produit de l'equivalent puisse être un Soulagement assés sensible pour les redevables, et leur donner moyen de les acquiter principalement dans le diocese de Beziers dont la triste Situation exige un Secours proportionné aux domages qu'a causé la gresle dans vingt-deux Communautés que ce fleau a reduit à une misere extreme.

Observations de l'Intendant.

Quoique les recoltes de cette année ne soient point aussi favorables que celles de l'année derniere, cependant on peut comparer pour celle des froments sur une année commune, celle des Seigles est au-dessous d'une année commune et celle des orges, des avoines et autres menus grains pour [1], les Semenses ont eté faites dans un tems pluvieux dont la durée a fait pourir partie des grains mis en

---

[1] Il y a ici un mot illisible ajouté en surcharge par M. de Saint-Priest.

terre, les Brouillards et les gelées du printens ont brulé partie de ceux qui etoient deja levés, la Secheresse qui a succedé ensuite et qui se soutient depuis trois mois a dechessé (*sic*) l'Epi dont le grain est resté presque sans nourriture et peu nombreux, enfin au moment de la recolte il est survenu des vents impetueux qui ont egrainé l'Epi.

Si les pluyes ne se succedent promtement il y a tout à craindre pour la recolte des Vins et des olives dont les apparences sont des plus mediocres, ces deux objets sont considerables surtout pour le Bas Languedoc dont ils font la principale ressource. Nous ajouterons qu'il y a nombre de dioceses ou il y a eû des Communautés grelées, le nombre en est à la verité peu considerable pour chacun, mais ces malheurs generaux ne sont point encore comparables aux pertes particulieres et immenses que les inondations ont causé dans les dioceses de Beziers, Toulouse, Rieux et le Bas Montauban.

Il y a eû vingt-deux communautés du diocese de Beziers entierement ravagées par les Inondations, ce n'est pas assés que la perte entiere des recoltes, la Surface de la terre a eté entrainée, et il faudra nombre d'années et beaucoup de depenses pour les remettre en Culture, ce malheur regarde principalement des proprietaires peu aisés qui sont dans la desolation et dans un decouragement total. Le diocese prevenû que les recouvrements y sont impossibles jusqu'à l'arrivée des secours qu'ils attendent a dû leur preter son Secours pour trouver à emprunter.

Le Diocese de Toulouze n'a pas eté mieux traité, nombre de Communautés qui sont situées sur les bords des rivieres de Garonne et de Lers se sont trouvées exposées par trois fois aux inondations de ces rivieres qui ont submergé et emporté le terrain de leurs riches plaines, cette perte est immense pour les fourrages destinés à la nourriture des bestiaux et pour les menus grains, Il en est de meme d'un assés grand nombre de Communautés des dioceses de Rieux et du Bas Montauban qui ont eté exposées aux memes inondations et aux memes pertes.

Nous ne rapellerons point ce que nous avons déja dit souvent sur la difficulté des recouvrements occasionnée par la surcharge des impots et par les pertes ou l'Espece de Suspension totale dans le Commerce qu'entrainent les Circonstances d'une guerre longue et couteuse, et enfin la misere qui a gagné le plus grand nombre des Conditions et des Etats.

Dans ces Circonstances, sans nous fixer sur la Somme qu'il conviendroit d'accorder à la province, mais qui au moins devroit être plus considerable que celle de l'année derniere, nous ne pouvons que nous en remettre à Sa Majesté qui apretiera ce Secours suivant sa bonté et sa Justice.

Réponse du Roy.

Sa Majesté ayant egard à la Situation de la province et voulant la soulager autant que les Circonstances presentes peuvent le permettre, lui accorde sur le Don gratuit de la presente année une remise de la Somme de Soixante-Cinq mille livres pour avec celle de 212 M. l. reservée sur le produit de la ferme de l'equivalent faire un fonds de Deux Cent Soixante Dix-Sept mille livres lequel sera employé au soulagement des dioceses, Villes, Communautés et particuliers de lad. province, le tout ainsi qu'il sera ordonné par l'arrêt que Sa Majesté fera rendre à cet effet en son Conseil.

Article 6.

Une des principales Causes, Sire, de la triste Situation des possesseurs des fonds de terre exposée dans l'article precedent, est evidement le defaut d'une entiere Liberté dans le Commerce des grains, ainsy que les Etats le representerent à Votre Majesté en 1754. Ils sont encore obligés à incister (*sic*) sur un objet aussi interessant pour satisfaire aux Vœux principalement des dioceses, ou cette Espece de production plus frequement abondante, est l'unique ressource des redevables qui en sont privés par l'impossibilité de s'en defaire meme à vil prix.

C'est ce qu'éprouve communement le haut Languedoc, et surtout le diocese d'Alby, et à quoy n'a point remedié la liberté de l'exportation d'une province à l'autre dans l'Interieur du Royaume accordée par l'Arrêt du 17 septembre 1754, non plus que celle de la Sortie à l'Etranger par les seuls ports d'Agde, et Bayonne, qui a meme eté suprimée ou restrainte depuis par des ordres particuliers.

Cependant Sire en vain s'occuperoit on des moyens de favoriser l'agriculture tant qu'on laissera subsister une gêne qui sera toujours l'obstacle le plus invincible à ses progrés, il a eté si bien demontré dans tant d'Ecris pleins de Lumière et de Sagesse, que la prohibition de l'Exportation des grains hors du Royaume, et les Loix precedement faites sur le commerce de cette pretieuse Denrée, ont eté la Cause premiere de la Decadence de cette Science si utile, qu'il seroit superflu de repeter icy ce qu'ont dit pour detruire les anciens prejugés sur cette matiere tant de bouches eloquentes aussi amies de la verité que zelées pour le veritable bien public. Il suffit de faire attention que le laboureur animé, par la perspective d'une Consommation sans bornes, et se regardant comme le pourvoyeur non seulement de son pays, mais encore de l'Etranger, mettroit surement toute son Industrie à etendre et multiplier les productions de ses terres, comme il faisoit dans ces anciens tems, ou la France loin de manquer de grains, etoit en etat de fournir à ses Voisins : au lieu que resserré presentement dans son Industrie, il a reduit ses Cultures à l'aprovisionnement d'un petit Cercle de

Consommateurs, en abandonnant des travaux couteux, et infructueux pour luy dont la Cessation peut neanmoins exposer l'Etat à manquer du necessaire.

Que la liberté dans ce Commerce si superieur par son objet, à tout autre, soit retablie par une Loy generale, qui ote les dernieres Traces de l'Espece d'ignominie, que la declaration de 1699 y avoit repandû, on le verra bientot reprendre le dessus, et l'interest particulier de ceux qui s'en occuperont à l'Envi, sera le meilleur garant de l'abondance en tout tems, et la precaution la plus sure contre la Crainte des disetes produites le plus souvent par des fausses Speculations ou des monopoles criminels, plustot que par le manque réel des grains. Ce fut le seul moyen qu'employa autres fois un grand ministre pour preserver le Royaume de la famine, pour acquitter ses dettes dans un petit nombre d'années, et former un Tresor public pour diminuer les impots. Pourquoy s'obstineroit-on à negliger toujours une ressource si naturelle, et si bien demontrée par l'Experience qu'en ont fait à nos depens les Ennemis de notre Bonheur et de notre gloire.

Des Considerations aussi frapantes, n'echaperont pas, Sire, à l'Etendue des Lumieres de Votre Majesté et au desir dont elle est animée pour la felicité de ses Sujets, et ceux du Languedoc plus particulierement interessés par leur position à obtenir cette justice se flattent au moins qu'elle ne sera pas refusée aux tres humbles Suplications de leurs representants.

A ces Causes, Sire, plaise à Votre Majesté permettre le libre Commerce et le transport des grains, tant pour l'Interieur du Royaume que pour l'Etranger par tous les Ports, Graux, Cannaux, et autres debouchés de votre province de Languedoc.

† J. L. ev. d'Alais.—Le m. de Chambonas baron de Saint-Felix. — Chambon deputé d'Uzès. — Labarthe deputé du Gevaudan. — Montferrier sindic-general.

Observations de l'Intendant.

Nous sommes convaincu que la libre Circulation des grains dans l'Interieur du Royaume, et la liberté de l'exportation au dehors, sont les principaux moyens de faire fleurir l'agriculture et d'exciter l'Emulation du Laboureur, nous pensons même que la liberté interieure ne suffiroit pas pour remplir cet objet parce qu'elle n'etabliroit point cette Balance commune et raisonnable dans le prix des grains qui peut seul decider des Speculations des proprietaires et du negociant. Cette Verité se fait encore plus sentir que jamais dans le moment present en Languedoc ou la gene pour l'exportation à l'Etranger laisse un Superflu qui devient à Charge aux proprietaires et qui les met hors d'Etat de payer leurs Impositions et de faire les frais de la Culture de leurs terres, nous ne repeterons point ce que nous avons dit sur cet objet, toutes les fois que nous avons eté consulté par le Ministre des finances. Nous avons lieu de croire qu'il est penetré des memes principes mais peut être ses dispositions sont-elles retardées par des motifs que nous ne devons pas penetrer et qui sont peut être prets à cesser.

On ne sçauroit trop se presser autant qu'il sera possible de rendre libre l'Exportation des grains à l'Etranger; sans quoy nous ne repondons point des difficultées presqu'insurmontables qui se trouveront dans le recouvrement et que la plus grande partie des terres ne reste sans Culture, n'etant pas possible d'exiger du proprietaire qu'il en fasse les frais s'il est privé de la ressource de la Vente de ses denrées ou qu'elle soit genée de maniere à n'en pouvoir retirer qu'un vil prix.

Réponse du Roy.

Le Roy s'occupe serieusement de cet objet important; Sa Majesté compte envoyer incessament dans ses Cours une declaration pour assurer la libre Circulation des grains dans l'interieur du Royaume contre les entraves qu'y aportent quelque-fois les juges de Police par un zele malentendu ou des allarmes deplacées sur le fondement des dispositions de quelques anciens reglemens, et par la meme declaration Sa Majesté prepare une partie des mesures à prendre dans le Cas où elle jugeroit avantageuse à son Royaume la liberté de l'exportation à l'etranger, cette partie interessante du Commerce exige de grands menagemens et les Etats doivent s'en reposer sur la Sagesse de Sa Majesté.

(*Archives départementales de l'Hérault*; C. 869, liasse; fonds de l'Intendance. Cf. Série des cahiers des États, année 1762 [1].)

IX.

DÉPUTATION A LA COUR.

Par une lettre datée de Versailles le 12 octobre 1761 [2], le comte d'Eu fait connaître à l'intendant de Saint-Priest qu'il a « prié M^{rs} des Etats de nommer comme députés à la Cour monseigneur l'évêque d'Alais, M. le marquis de Chambonas et les sieurs Chambon et de La Barthe ». Les Etats se rendirent au désir du prince gouverneur du Languedoc, et, dans la séance du 24 novembre, les personnes désignées par lui furent élues. On leur adjoignit M. de Montferrier en qualité de syndic-général.

---

[1] Les cahiers portent la date de l'année où ils ont été présentés au roi, et non celle de la session pendant laquelle ils ont été rédigés. On voit que quelques-unes des demandes contenues dans le cahier de la session de 1761 se rapportent à des mesures qui ne peuvent être exécutées qu'en 1763.

[2] *Archives départementales de l'Hérault*, C. 868, liasse; fonds de l'Intendance. Original.

Le procès-verbal de la députation, commencé le 14 juillet 1762 et clos le 12 octobre suivant, relate les visites faites par les députés à l'archevêque de Narbonne, au comte d'Eu, au comte de Saint-Florentin, ministre et secrétaire d'État ayant le département de la province; au chancelier, au contrôleur-général; il décrit en détail le cérémonial des audiences du roi, de la reine, du dauphin, de la dauphine, du duc de Berry, du comte de Provence, du comte d'Artois, de Madame Sophie et de Madame Louise, « Madame Adelayde et Madame Victoire étant aux eaux de Plombières »; il note avec soin les circonstances où l'évêque d'Alais était vêtu de l'habit long noir, celles où il était en habit long violet, ou en rochet et en camail; il n'oublie pas d'indiquer si le personnage qui reçoit la députation est assis, ou debout ayant un fauteuil derrière lui, ou simplement debout; il énumère les dîners offerts par l'archevêque de Narbonne, par le comte d'Eu, par le contrôleur-général, les promenades en gondole, les visites à Marly à la ménagerie et au jardin de Versailles; mais c'est à peine s'il fait mention en passant d'une conférence d'affaires après un dîner chez le contrôleur-général. Je ne parle pas de l'audience solennelle dans laquelle le cahier fut présenté au roi (23 août), non plus que de la séance du Conseil de direction, où les députés reçurent les réponses royales aux doléances des États de Languedoc; ce ne furent là que de simples cérémonies où il ne fut pas dit un seul mot des besoins et des intérêts de la province.

Un état des frais de la députation est annexé au procès-verbal; les articles qu'il renferme peuvent se résumer ainsi :

Gratifications à l'intendant des finances, à divers secrétaires et commis.. 10,295¹ »ˢ »ᵈ

Aux valets, laquais, suisses et gens de service des résidences royales et de divers personnages........................... 1,717 » »

A MM. Doutremont, avocat au parlement, et Bocquet de Chanterenne, avocat au conseil, pour honoraires et frais........... 1,008 » »

Au sieur Vincent, imprimeur, pour le montant d'impressions qu'il a faites.. 391 4 »

A M. de Montferrier, syndic-général, pour les dépenses de bouche, frais de voyages des députés à la Cour, écritures et autres frais ordinaires dont il a fait l'avance................ 4,875 2 »

18,286¹ 6ˢ »ᵈ

A cette somme il convient d'ajouter les suivantes, qui figurent dans les frais d'États, mais qui concernent la députation à la Cour :

A reporter.......... 18,286¹ 6ˢ »ᵈ

Report.......	18,286¹ 6ˢ »ᵈ	
Au prélat député pour l'Eglise...............	8,000¹ »ˢ »ᵈ	
Au baron député pour la noblesse...........	8,000 » »	
Aux deux députés du tiers-état, à raison de 4,000¹ chacun............................	8,000 » »	33,000 » »
Au syndic-général député à la cour.........	4,500 » »	
Au même pour frais de voyage.............	1,500 » »	
Au même, fonds d'avance pour les frais qu'il est obligé de faire sur les ordres des députés¹..	3,000 » »	
Total des frais de la députation à la Cour........	51,286¹ 6ˢ »ᵈ	

X.

CONDITIONS DU DON GRATUIT ET DE LA CAPITATION.

Il faut reconnaître aux États de Languedoc une qualité, qui est du reste le caractère de leur temps : c'est celle de cacher leurs défaillances sous des dehors de force et de grandeur. Ainsi, au moment où leur docilité est le plus évidente, ils respectent scrupuleusement la vieille coutume de poser des conditions au roi, en lui accordant le don gratuit et la capitation, conditions auxquelles la Cour avait plus d'un moyen de se soustraire lorsqu'elles devenaient gênantes. Je n'en veux pour preuve que la dissolution des États en 1750, et la persistance de l'Assemblée provinciale à soutenir les nouvelles impositions contre le Parlement de Toulouse.

Afin de ne rien négliger de ce qui peut servir à reconstituer la physionomie de nos États au XVIIIᵉ siècle, je reproduis les conditions du don gratuit et celles de la capitation d'après les pièces originales conservées aux Archives de la Préfecture de l'Hérault. L'extrait de la délibération relative au don gratuit porte en marge de chaque article le mot *accepté*, écrit de la main de l'un des commissaires du roi, et se termine par l'ordonnance d'acceptation, que je reproduis aussi.

Les conditions de la capitation n'étaient pas de même nature que celles du don gratuit : tandis que ces dernières restreignaient les prérogatives royales en

---

[1] Ces 3,000 livres, qui semblent n'être qu'une avance sur les dépenses portées dans l'état intitulé *frais de la députation*, font peut-être double emploi. Le baron Trouvé a cependant maintenu cet article en ces termes dans son état des frais de la députation : « Au syndic-général député à la Cour pour ses dépenses pendant la députation, à raison de 20 livres par jour ». Le total général des frais de députation est, d'après cet auteur, de 53,000 liv. (*Essai historique sur les États-Généraux de Languedoc*, pag. 488.)

matière de mouvements de troupes et de levées d'impôts, les autres n'avaient trait qu'à la manière dont la capitation devait être perçue; aussi les conditions de la capitation n'étaient-elles pas soumises aux mêmes formalités d'acceptation que celles du don gratuit.

Conditions du Don Gratuit.

1°

Que durant l'année mille sept cent soixante-deux et jusques à la tenüe des Etats prochains il n'y aura aucun logement fixe des gens de guerre dans la province, quartier d'hiver, lieu d'assemblée tant de Cavalerie que d'Infanterie meme des gardes de Monseigneur le gouverneur et de Messieurs les lieutenants du Roy, à moins qu'ils n'ayent eté demandés par les Etats et au cas qu'il y en ait, Sa Majesté en supportera les dépenses sur les deniers du Don Gratuit.

2°

Que les troupes passant dans la province logeront dans la ligne des Etapes, qui sera dressée à cet Effet, et au cas il y eut quelque logement fixé pendant l'année mille sept cent soixante deux, et que les Troupes fassent aucun Séjour, sans qu'il y ait eû quatre jours de Marche, le Roy en supportera la dépense, à la charge que les foules et Séjours extraordinaires seront justiffiés par les Communautés par des Informations, qui seront faites devant les Juges des lieux, à la Requette des Sindics particuliers des Dioceses et habitans des Villes et Communautés qui auront souffert la foule, lesquelles informations seront remises ez mains des Sindics generaux qui en donneront avis à M. L'Intendant de la province.

3°

Que nulles Impositions et levées de deniers ne pourront être faites sur le general de la province, ni sur les villes et communautés en particulier, ni sur les habitans, en vertu d'aucuns Edits Bursaux, declarations, Jussions, et autres provisions contraires à ses droits et libertés, quand meme elles seroient faites sur le general du Royaume.

4°

Que pour l'assurance et Execution des presents articles, la somme de cent mille livres sera reservée ez mains du Tresorier de la Bourse, sans pouvoir s'en dessaisir à peine de payer deux fois.

† DE LA ROCHE-AYMON arch. p. de Narbonne, president.
Du mandement de Nosseigneurs des Etats.

CARRIÈRE.

Les commissaires-Presidents pour le Roy en l'Assemblée des gens des trois Etats de la Province du Languedoc;

Veu la deliberation ci-dessus et les articles y contenus;

Nous, au nom du Roy, avons accepté le don de trois millions de livres dont nous avons fait la demande au nom de Sa Majesté, promettant de faire executer au nom du Roy, le contenu de lad. deliberation, conformement aux appostilles par nous mises à la marge desd. articles. Fait à Montpellier le vingt-neuf octobre 1761.

Le duc de Fitzjames,
De Saint-Priest, Guy de Villeneuve, Magnol.

Conditions de la Capitation.

1°

Les Compagnies Superieures du parlement, cour des aydes de Montpellier, et Bureaux des finances des deux generalités, qui ne peuvent payer leur Capitation qu'au moyen des gages de leurs Charges ou augmentations dont Sa Majesté doit faire le fonds, feront remettre par leurs payeurs au mois de Septembre de chaque année leurs recepissés en faveur des Receveurs des finances et Gabelles de la Province pour le montant de la Capitation desd. Compagnies conformement au departement des Etats en remettant par le tresorier de la Bourse aux payeurs sa quittance, le montant desquels recepissés remis par les payeurs sera acquitté au tresorier de la Bourse par les Receveurs des finances et Gabelles, et par eux precompté auxd. Compagnies sur le payement de leurs Gages, et seront aussi tenus les officiers du parlement, et tresoriers de France de la Ville de Toulouse de payer à la province leur Cote part des interêts des Sommes empruntées en 1701, pour partie de leur Capitation de lad. année; attendu qu'ils n'ont pas acquité le Capital, ce que la Cour des Aydes et tresoriers de France de Montpellier ont deja fait, et tous les officiers des dittes Compagnies seront aussi tenus de payer la Capitation de leurs Domestiques, dont la Somme sera aussi remise conjointement avec la Capitation desd. Compagnies par les payeurs au tresorier de la Bourse ainsy et de la meme maniere qu'il est expliqué cy dessus.

2°

Que pour faciliter le payement de la Capitation des officiers de justice ou autres particuliers qui ont des Gages ou augmentations dont il doit être fait fonds dans l'Etat du Roy ils pourront la payer annuellement en quittance de leurs Gages ou augmentations à concurence de leurs taxes lesquelles quittances seront reçües au tresor Royal sur les Seize Cent mille Livres, qui doivent y être portées par le tresorier de la Bourse.

3°

Les Receveurs des tailles compteront devant les assiettes ou devant ceux qui dirigent les affaires des Dioceses pendant l'année et le tresorier de la Bourse recevra la Capitation des mains des Receveurs, et comptera devant Messieurs les Commissaires qui seront nommés par les Etats l'année presente ainsy qu'il en a eté usé les années precedentes.

4

Monsieur L'Intendant jugera sommairement de la Contestation des Rolles.

5°

Messieurs de la noblesse, qui ont droit d'entrée tous les ans aux Etats ou par tour, seront taxés en Languedoc, et au Cas que par leurs autres qualités ou facultés leur taxe fut plus forte que celles des Barons, Comtes et Vicomtes, ils seront taxés, suivant leurs qualités et facultés, sur le pied de la plus haute taxe, et la payeront aux Receveurs des Dioceses en exercice, et si quelqu'un d'eux a payé à Paris ou ailleurs dans le cours de l'année les sommes qu'ils auront payées ou qu'ils payeront seront precomptées à la province sur la Capitation à la decharge des Dioceses ou les terres seront scituées, en justifiant par les Sindics Generaux de la province, ou par les Sindics particuliers des Dioceses, des quittances des payements qu'ils auront fait; et ce qui sera dû de reste desd. taxes sera payé aux Receveurs particuliers des Dioceses.

6°

Les Officiers de justice, finance foraine, Doüane et des Gabelles, seront taxés et leurs gages affectés par preference au payement des Sommes qui seront comprises dans les Rolles, et au cas que lesd. officiers soient taxés à raison de leurs facultés à une plus grande Somme, que celle qu'ils doivent supporter par la qualité de leurs offices, ils seront contraints au payement de l'Excedant de leurs taxes par la rigueur des Rolles, ainsy qu'il en a eté usé dans le recouvrement de la Capitation des années precedentes, et la quittance qui sera fournie auxd. officiers tiendra lieu de quittance comptable à la Chambre des Comptes.

7°

Les taxes de ceux qui ont eté compris dans les Rolles de la Capitation de l'année 1695, et qui ont des terres en Languedoc, seront reprises par Sa Majesté si on justiffie qu'ils ont payé à Paris ou ailleurs.

8°

Ceux qui ont eté obmis dans les Rolles de la Capitation seront taxés.

9°

Les Officiers d'Armée payeront l'Excedant de leurs taxes en Languedoc.

10°

Le tresorier de la Bourse payera en Languedoc conformement à ce qui a eté fait à la dernière Capitation.

11°

Les taxes de la Capitation seront payées par preference à touttes autres taxes.

12°

Les Rolles de la Capitation seront faits et signés par les Commissaires des Assiettes des Dioceses, et par ceux qui ont accoûtumé de diriger les affaires des Dioceses lesquels Rolles seront envoyés à M^r L'Intendant pour être par lui signés, ainsy qu'il en a eté usé les années precedentes.

13°

Les Ecclesiastiques Beneficiers seront taxés pour les Charges qu'ils possedent dans les compagnies de justice et non pour les terres et fiefs qu'ils possedent quoy qu'elles ne dependent pas de leurs Benefices.

14°

Messieurs les Lieutenants Generaux de la province soit qu'ils ayent ou qu'ils n'ayent pas des terres qui leur donnent droit d'entrée aux Etats tous les ans ou par tour, seront compris dans les Rolles des taxes suivant leurs qualités et facultés, et au cas qu'ils ayent payé à Paris ou ailleurs leurs entieres taxes ou partie d'icelles, Sa Majesté tiendra compte aux Etats de ce qui aura eté payé, et ils payeront ce qui restera dû dans les Dioceses.

15°

M^{rs} les Lieutenants de Roy créés par Edit, seront compris dans les Rolles, et payeront leurs taxes à la province, et au cas que par leurs autres qualités et facultés leur taxe fut plus forte, ils seront compris dans les Rolles, pour la plus haute taxe.

16°

Les Receveurs et Controlleurs des finances, et les Secretaires du Roy de la grande chancellerie qui resident en Languedoc, payeront leurs taxes à la province, ainsi qu'il en a eté usé à la derniere Capitation et au cas qu'ils ayent payé leur entiere taxe, ou partie d'icelle à Paris ou ailleurs, Sa Majesté en tiendra compte en justiffiant de leurs quittances.

17º

Les Taxes qui doivent être reprises par Sa Majesté depuis et compris 1701 seront liquidées incessament, et tenües en compte à la province.

18º

Pour l'Execution des presents articles, il sera rendu arrêt au Conseil qui autorisera la presente deliberation aux susdittes conditions et suivant les Instructions qui seront données par les Etats.

† De la Roche-Aymon, arch. p. de Narbonne, president.
Du mandement de Nosseigneurs des Etats.

Carrière.

(*Arch. dép. de l'Hérault*, fonds des États. Cf. Procès-verbal de 1761, pag. 28 et 31.

XI.

ÉTAT GÉNÉRAL *des sommes délibérées dans l'assemblée des États-Généraux de la province de Languedoc, tenue à Montpellier ez mois d'Octobre, Novembre et Decembre 1761, dont la recette et dépense doivent être faites par le Sr Mazade de St Bresson, Trésorier général de la province, sur les départements particuliers, et États détaillés de distribution dueiment arrettés par MM. les Commissaires des États, et authorisés par MM. les Commissaires présidents pour le Roi en yceux qui ont été déposés en leur greffe, et dont copies collationnées sont jointes au présent Etat[1].*

RECETTE.				DÉPENSE.			
	l.	s.	d.		l.	s.	d.
Pour le don gratuit, déduction faite de 300,000^l pris surle produit de la ferme de l'équivalent[2] devant servir à diminuer d'autant moins l'Imposition dans laquelle sont comprises les taxations suivant le département..	2,721,702.	14.	»	A porter au Trésor Royal..........	3,000,000.	»	»
				A retenir par le Sr Mazade de St Bresson pour ses taxations à raison de deux deniers pour livre.......	21,702.	14.	»
	2,721,702.	14.	»		3,021,702.	14.	»
					3,021,702.	14.	»

[1] Cet état est en quelque sorte le résumé du budget provincial de 1762. Il faut remarquer néanmoins qu'il ne comprend pas les vingtièmes des biens nobles non plus que ceux des rentes, pensions, industries, etc.

[2] L'*équivalent*, établi par Charles VII, et ainsi nommé parce qu'il équivalait à un ancien impôt que Charles VI avait supprimé, était un droit perçu sur la chair, le poisson et le vin. Les États de Languedoc s'abonnèrent avec le roi pour le paiement de cette contribution ; mais l'équivalent ne produisant pas la somme qu'on en attendait, la Province obtint la réduction de cet impôt, et la somme qu'elle payait au roi à ce titre portait le nom de *préciput de l'équivalent*. Cette somme formait, avec l'octroi, l'aide et la crue, l'une des parties de l'imposition appelée ancienne taille, et était prélevée comme impôt direct sur les biens-fonds roturiers. Mais, en vertu des édits qui avaient établi l'équivalent, la Province affermait la perception de l'impôt sur la chair, le poisson et le vin : c'était ce qu'on appelait la *ferme de l'équivalent*, imposition indirecte qui figure en recette dans l'état que nous donnons ici, et qu'il ne faut pas confondre avec le *préciput de l'équivalent*, contribution directe et partie de la taille.

— 61 —

Cy-contre...	2,721,702ˡ 14ˢ »ᵈ		Cy-contre...	3,021,702ˡ 14ˢ »ᵈ
Pour les Mortes Payes..........	27,335. 4. »	A porter au trésorier des Mortes payes par les receveurs des Tailles......	19,033. 19. 7	
		A payer par le Sʳ Mazade de Sᵗ Bresson au trésorier pour les appointements du Gouverneur de la Ville de Narbonne, et halebardiers de lad. ville suivant la quittance........	8,301. 4. 5	27,335. 4. »
Pour les Garnisons.............	193,182. 19. »	A payer au Trésor Royal...........		193,182. 19. »
Pour les frais des États suivant les Arrets du Conseil des 18 octobre 1752, 30 octobre 1754 et la grande Commission.........	232,800. » »	A payer par le Sʳ Trésorier suivant l'état de distribution arretté au bureau des Comptes et état particulier arretté par Monseigneur l'Archevêque de Narbonne.............		232,800. » »
		A payer aux desnommés en l'état pour les gratifications extraordinaires..	123,900. » »	
Pour les gratifications extraordinaires et debets des comptes des officiers, compris les taxations du Trésorier de la bourse.	129,114. 11. 4	Pour les debets des Comptes suivant autre état..................	4,147. 9. 9	129,114. 11. 4
		A retenir par le Trésorier de la bourse pour ses taxations.............	1,067. 1. 7	
Pour le montant de la dépense de l'étape, compris les taxations du Trésorier de la bourse.....	321,509. 17. 3	A payer à l'entrepreneur de la fourniture de l'étape suivant l'état......	318,852. 15. 2	321,509. 17. 3
		A retenir par le Sʳ Trésorier pour ses taxations.....................	2,657. 2. 1	
	3,625,645. 5. 7			3,925,645. 5. 7

— 62 —

De l'autre part....	3,625,645ˡ	5ˢ 7ᵈ
Pour les dettes et affaires du pays, déduction faite de 100,000 liv. prises sur le produit de la ferme de l'équivalent, et de 80,908ˡ 16ˢ 3ᵈ de reste des impositions de l'année 1760 devant servir à diminuer d'autant l'imposition dans laquelle sont comprises les taxations du Sʳ Trésorier.....	3,996,076. 3.	7
Pour le montant du prix de la ferme de l'Équivalent........	1,112,000. »	»
Pour le montant des dépenses déliberées par la Sénéchaussée de Toulouse, tant pour le payement des interets que pour les réparations à faire aux chemins de lad. Sénéchaussée, compris les taxations du trésorier de la bourse, suivant le département.	94,076. 8.	9
	8,827,797.17.11	

De l'autre part....	3,925,645ˡ	5ˢ 7ᵈ
A payer suivant l'état de distribution.	4,143,959.11. 5	⎫
A retenir par le Sʳ de Sᵗ Bresson pour ses taxations...............	33,025. 8. 5	⎬ 4,176,984.19.10
Pour les indemnités suivant l'état de répartition qui en sera faite par M. l'Intendant de la province..........	212,000. » »	⎫
Pour le payement des interets et remboursement des capitaux de l'emprunt de quatre millions pour les charges municipales............	400,000. » »	⎬ 712,000. » »
Pour les ponts sur l'Ardèche et l'Erieu	100,000. » »	⎭
A payer pour les interets, ou pour les réparations à faire aux chemins de la Sénéchaussée suivant le département.....................	93,298.18.11	⎫ 94,076. 8. 9
A retenir par le Sʳ de Sᵗ Bresson pour ses taxations...............	777. 9.10	⎭
	8,908,706.14. 2	

Cy-contre... 8,827,797¹ 17ˢ 11ᵈ		Cy-contre... 8,908,706¹ 14ˢ 2ᵈ	
Pour le montant des dépenses délibérées par la Sénéchaussée de Carcassonne tant pour le payement des interets qu'elle doit que pour les réparations à faire aux chemins de lad. Sénéchaussée, compris les taxations du trésorier de la bourse, suivant le département............	87,627.15. 9	A payer pour les interets ou pour les réparations à faire aux chemins de la Sénéchaussée suivant l'état....	86,903.11.10 ⎫ ⎬ 87,627.15. 9 724. 3.11 ⎭
		A retenir par le Sʳ de Sᵗ Bresson pour ses taxations............	
Pour la Capitation accordée au Roi, interets à trois et à cinq pour cent de ce qui reste dû des Emprunts faits en différents tems pour les affaires de la Capitation, et taxations en faveur du trésorier suivant le département	1,984,520. 8.10	A payer au Trésor Royal............	1,600,000. » » ⎫ ⎬ 1,984,520. 8.10 368,119. 9. » ⎭
		Aux créanciers qui ont preté en différents tems pour les affaires de la Capitation suivant l'état arretté...	
		A retenir par le Sʳ de Sᵗ Bresson pour ses taxations............	16,400.19.10
Autres sommmes imposées qui ne passent pas par les mains du Trésorier de la bourse¹.			
	10,899,946. 2. 6		10,980,854.18. 9

— 63 —

[1] Je reproduis fidèlement l'original que j'ai sous les yeux; mais je dois faire remarquer que cette phrase est une sorte de rubrique qui s'applique aux deux articles qui suivent. Ces deux articles, l'ancienne taille et le taillon, formaient ce que l'on appelait les *deniers ordinaires*, c'est-à-dire ce qui représentait les impositions ordinaires dues au roi par tout le royaume. Toutes les autres contributions étaient censées extraordinaires. Les deniers ordinaires étaient versés directement par les receveurs des diocèses dans la caisse des receveurs généraux de la Province.

	l. s. d.		l. s. d.
De l'autre part.. 10,899,946 2s 6d		De l'autre part.. 10,980,854 18s 9d	
Pour la Taille qui comprend l'octroi, ayde, crue, et préciput de l'Equivalent.................	514,517. 4. 4	A payer par les receveurs des tailles aux recettes générales des finances de Toulouse et Montpellier, ci.............	514,517. 4. 4
Pour le Taillon suivant le département..................	165,000. » »	A payer par les receveurs des tailles aux receveurs généraux du Taillon des généralités de Toulouse et Montpellier................	165,000. » »
Autre recette à faire par le trésorier de la bourse, à cause du relicat de son compte de 1760, dont le moins imposé a été fait.	80,908. 16. 3		
	11,660,372. 3. 1		11,660,372. 3. 1

Fait et arretté a Montpellier le premier Décembre Mil Sept Cent Soixante un.

Chambon, Lt de M. d'Uzès.
Aurès, Lt de Maire de Narbonne.
Champetiers, Lt de M. d'Alais.
Estorc (sic), Dn de Besiers.
Fons, Diocesain de Narbonne.
Rochemure, Sindic du Vivarais.

† De la Roche-Aymon, Arch. p. de Narbonne, président.
† L'Év. d'Agde.
Moncassin, Capitoul.
Cambaceres, Maire de Montpellier.
Besaucelle, Lieutenant de Maire de Carcassonne.
La Boissiere, Maire de Nimes.

(Archives départ. de l'Hérault, C. 868, liasse, fonds de l'Intendance.)

LANGUEDOC.

Année 1762.

XII.

ÉTAT ABRÉGÉ DES IMPOSITIONS DE LA PROVINCE DE LANGUEDOC POUR L'ANNÉE 1762 PAR COMPARAISON AVEC CELLES DE L'ANNÉE 1761[1].

	1761	4ˢ	4ᵈ	1762	4ˢ	4ᵈ				
Taille..................	514,517	4ˢ	»	514,517	4ˢ	4ᵈ	Égales.			
Taillon.................	165,000	»	»	165,000	»	»				
Mortes payes...........	27,335	4	»	27,335	4	»				
Garnisons..............	193,182	19	»	193,182	19	»				
Don gratuit............	2,721,702	14	»	2,721,702	14	»				
Frais d'États...........	232,800	»	»	232,800	»	»				
Dettes et affaires.......	3,835,787	17	1	3,996,076	3	7	Plus forte de......	160,288	6ˢ	6ᵈ
Étape..................	173,420	17	4	321,509	17	3	Plus forte de......	148,088	19	11
Sénéchaussée de Toulouse...	93,039	16	8	94,076	8	9	Plus forte de......	1,036	12	1
Gratifications et debets.....	130,936	4	4	129,114	11	4	Moindre de.......	1,821	13	»
Sénéchaussée de Carcassonne...	89,393	6	11	87,627	15	9	Moindre de.......	1,765	11	2
	8,177,116	3	8	8,482,942	18	»				
	305,826	14	4				Plus forte de.......	305,826	14	4
	8,482,942	18	»							

Le don gratuit se paye par imposition.................. 2,700,000
et au moyen de 300ᵐ Liv. pris sur la ferme de l'équivalent. 300,000
                                                        —————
                                                        3,000,000

Les 21,702 de surplus étant pour les taxations du trésorier de la bourse à raison de 2 deniers p. livre, distraction faite de la portion de la ville de Toulouse qui n'en paye point

(*Archives départ. de l'Hérault*, fonds des États. Cf. Registre des Impositions de la province, année 1762.)

[1] Cet état ne comprend que les sommes à imposer sur les biens taillables

XIII.

IMPOSITIONS DE LA PROVINCE DE LANGUEDOC POUR L'ANNÉE 1762 (VOTÉES EN 1761), COMPARÉES AUX IMPOSITIONS DES DÉPARTEMENTS ET ARRONDISSEMENTS FORMÉS DU LANGUEDOC, POUR L'ANNÉE 1862.

J'aurais voulu établir un parallèle exact de la situation financière, à cent ans d'intervalle, des pays qui composaient l'ancienne province de Languedoc. Je n'ai pu réunir encore les éléments nécessaires pour traiter complètement cette question, sur laquelle j'espère revenir. Je me contenterai pour aujourd'hui de donner des indications approximatives, qui, je le pense, ne seront pas sans intérêt.

J'écarte de mes calculs les impôts perçus sous forme de contributions indirectes, pour lesquels il m'a été impossible de me procurer des renseignements suffisants.

§ 1er. *Impositions de la province en 1762.*

L'assemblée provinciale de Languedoc dressait une série d'états[1] dont les principaux étaient intitulés : 1° *Taille*; 2° *Taillon*; 3° *Don gratuit*; 4° *Mortes payes*; 5° *Garnisons*; 6° *Capitation*; 7° *Frais de la tenue des États*; 8° *Dettes et affaires de la province*; 9° *Sommes dues à l'entrepreneur des étapes*; 10° *Gratifications extraordinaires*; 11° *Débets des comptes des officiers de la province*; 12° *Dépenses de la sénéchaussée de Toulouse*; 13° *Dépenses de la sénéchaussée de Carcassonne*[2]; 14° Mon-

---

[1] On distinguait les états de *département*, qui indiquaient pour chaque contribution la somme à prélever sur chacun des diocèses de la province, et les états de *distribution*, qui contenaient l'affectation de la contribution par article de dépense. La taille, le taillon, le don gratuit, les mortes payes, les garnisons, ne donnaient lieu qu'à des états de *département*, puisque la province versait en bloc au trésor royal les sommes perçues à ces divers titres. Le *montant des sommes à imposer sur les biens sujets à la taille*, l'*État général des sommes délibérées* et l'*État abrégé des impositions par comparaison avec celles de l'année précédente*, avaient trait à l'affectation de l'impôt plutôt qu'à sa perception et n'étaient par conséquent que des états de *distribution*. Pour la *capitation*, les *frais d'États*, les *dettes et affaires*, les *sommes dues pour les étapes*, les *gratifications*, les *débets*, les *dépenses de la sénéchaussée de Toulouse*, les *dépenses de la sénéchaussée de Carcassonne*, on dressait deux états distincts, l'un de *département*, l'autre de *distribution*; c'est ce dernier seul que nous avons eu à consulter. La *capitation* n'aurait donné lieu, comme la taille, le taillon, etc., qu'à un état de département, si l'on n'y avait joint les intérêts des emprunts contractés pour payer cet impôt, ce qui nécessitait une distribution entre les divers créanciers.

[2] La sénéchaussée de Toulouse et la sénéchaussée de Carcassonne avaient chacune une assemblée spéciale qui votait les dépenses relatives aux chemins. Ce vote devait être approuvé par les États généraux de la Province. Il n'en était pas de même pour la sénéchaussée de Beau-

tant des sommes à imposer sur les biens sujets à la taille; 15° *État général des sommes délibérées dans l'assemblée des États généraux de la province de Languedoc*; 16° *État abrégé des impositions de la province par comparaison avec l'année précédente.*

La clarté de cette classification n'est guère qu'apparente. Pour obéir à l'usage immémorial des administrateurs des deniers publics, qui semblent ne vouloir être compris que de quelques initiés, la répartition des diverses dépenses dans cette série de documents était faite d'une façon qui paraît assez arbitraire. Quoi qu'il en soit, l'ensemble des sommes portées dans les états que nous venons d'énumérer peut se diviser en deux catégories quant à leur mode de répartition : les unes, parmi lesquelles figuraient l'ancienne taille et le taillon, formaient le total des deniers à imposer par ordre des États généraux de la province sur tous les biens-fonds roturiers du Languedoc; les autres étaient réparties par capitation. Les états que nous avons désignés sous les n°s 6 et 14 donnent le résumé de chacune de ces deux contributions; l'état 16 ne s'applique qu'à la première. Elles se trouvent l'une et l'autre comprises dans l'état 15[1].

Les impôts votés par l'Assemblée des États généraux de Languedoc étaient répartis sur l'ensemble ou, comme on disait alors, sur le *général* de la province; mais de plus il était pourvu aux dépenses particulières de chaque diocèse et de chaque communauté au moyen d'impositions votées par les assemblées de l'assiette et par les conseils locaux.

Le contribuable appelait du nom de *taille* l'ensemble de ces diverses contributions qui frappaient la propriété foncière non noble, quelle que fût d'ailleurs la qualité du propriétaire.

Pour faire connaître la contribution foncière du Languedoc en 1762, je devrais donner le total des sommes imposées sur les biens taillables par les États, par les vingt-quatre assemblées de diocèse et par les 2780 communautés de la province. On comprendra aisément que cette dernière partie me manque à peu près complètement; j'ai donc retranché forcément de mon travail les impositions des communautés en 1762 et celles des communes en 1862.

Je ferai remarquer, en passant, que la part de contributions directes afférente aux communes a augmenté, depuis le commencement de ce siècle, dans une proportion beaucoup plus considérable que la part afférente à l'État et aux départements.

---

caire et Nîmes. Cette différence vient peut-être de ce que la sénéchaussée de Beaucaire et Nîmes, ayant été la première réunie à la couronne, était considérée comme formant en quelque sorte le noyau de la province de Languedoc proprement dite, auquel avaient été annexées successivement la sénéchaussée de Carcassonne et celle de Toulouse.

[1] Nous avons publié ci-dessus les états n°s 15 et 16, dressés dans la session de 1761 pour l'année 1762.

— 68 —

En ce qui concerne les impositions particulières des diocèses, je n'ai pu me procurer, pour l'année qui m'occupe, que les procès-verbaux des assiettes des cinq diocèses compris aujourd'hui dans le département de l'Hérault. A défaut de renseignements plus précis, je crois que l'on peut établir, d'après ces cinq diocèses d'importance très-différente, une moyenne de dépenses particulières pour chacun des vingt-quatre diocèses politiques de la province.

Ces dépenses particulières n'étaient pas seulement celles que l'on désignait sous le nom de frais d'assiette, et qui avaient été fixées à un chiffre invariable par un arrêt du Conseil de 1759[1]. elles comprenaient aussi les rentes et intérêts dus aux créanciers des diocèses, les gages des receveurs des tailles, les taxations prélevées par ces receveurs sur les impositions particulières des diocèses et les épices pour la reddition de leurs comptes. Voici le total de ces dépenses en 1762 pour chacun des cinq diocèses dont j'ai parlé :

Montpellier	100,131¹	15ˢ	5ᵈ
Agde	27,965	7	»
Béziers	57,262	8	7
Lodève	44,950	12	2
Saint-Pons	26,246	7	»
TOTAL	256,556¹	10ˢ	2ᵈ

Cette somme nous donne comme moyenne pour chacun des vingt-quatre diocèses politiques du Languedoc 51,311¹ 6ˢ »ᵈ.

Soit pour l'ensemble des dépenses particulières des diocèses	1,231,471¹	4ˢ	»ᵈ
Il faut joindre à ce total les taxations attribuées aux receveurs sur les impositions générales de la province et ajoutées au principal des contributions[2]. Ces taxations, qui étaient portées en compte par les assemblées de l'assiette, s'élevaient à un total de	207,935	5	»
La somme totale imposée sur les biens taillables du Languedoc par les États de 1761, pour l'année 1762, est de	8,482,942	18	»
Total de la somme imposée sur les fonds roturiers de la Province	9,922,349¹	7ˢ	»ᵈ

[1] Cet arrêt du Conseil ne paraît pas avoir été longtemps exécuté. Voyez, au sujet des impositions particulières des diocèses, une intéressante et rare brochure publiée en 1789 sous ce titre : *De l'administration diocésaine en Languedoc*. Si ce travail n'est pas l'œuvre de M. Senovert, il a du moins été inspiré par son discours aux États de 1788. Je dois la communication de cette brochure à l'obligeance de M. Léon Galibert.

[2] Voyez ci-après, XIII: *Affectation des Impositions de* 1762.

Report.....	9,922,349ˡ	7ˢ	»ᵈ
Impôt des trois vingtièmes payé par les biens nobles¹..	423,503	7	2
Total de l'impôt foncier pour 1762, non compris les impositions particulières des communautés...............	10,345,852ˡ	14ˢ	2ᵈ

La livre valant, en 1762, 1ᶠʳ,066 de nos jours², cette somme représente aujourd'hui 11,028,678ᶠʳ, 71ᶜ.

Malgré les divergences des auteurs³, on peut évaluer la superficie du Languedoc, non compris le comté de Caraman qui n'y fut joint qu'en 1779, à 2,100 lieues carrées, soit 4,147,318 hectares, ce qui donne une moyenne d'imposition foncière de 2ᶠʳ 66 par hectare.

Il est assez difficile d'évaluer la production du Languedoc en 1762 A défaut

---

¹ Les biens-fonds nobles ou roturiers, ainsi que certaines rentes, pensions, industries, etc., étaient soumis à un impôt frappant sur leur revenu. En 1761, cet impôt était de trois vingtièmes, plus deux sols par livre. Le Languedoc était abonné avec le trésor royal pour le paiement de cette contribution : la somme à verser par la province était de 3,630,000 livres.

Les biens nobles produisaient........................	423,503ˡ. 7ˢ.2ᵈ
Il faut ajouter à cette somme le total des amendes infligées pour défaut de déclaration , soit........................	76,245 . 16 .2
Les rentes, pensions, industries, etc., donnaient...........	1,153,413 . 16 .8
	1,653,163 . » »

Il restait donc à se procurer, pour parfaire le montant de l'abonnement, une somme de 1,976,837 livres, dont une partie était prise sur des fonds non employés, et l'autre rejetée sur les biens roturiers. Cette dernière, qui figurait dans l'état des dettes et affaires de la Province, s'élevait en 1762 à 1,846,837 livres. (*Archives départementales de l'Hérault*, procès-verbal des États de 1761. pag. 310, 311.) Les vingtièmes des biens nobles ne figuraient dans aucun des états dressés par l'assemblée provinciale. Le rôle de cette contribution était rendu exécutoire par une commission nommée par le roi et par les États, et que l'on appelait la Commission des vingtièmes.

² Je donne seulement la valeur intrinsèque de la livre tournois, sans m'occuper de la valeur relative de l'argent. J'ai ajouté 1/24 à l'évaluation de M. de Wailly (*Mémoires de l'Académie des inscriptions*, tom. XXI, 2ᵉ partie, pag. 177), pensant, comme M. Leber (*Mémoires présentés par divers savants*, tom. I, pag. 271), qu'un marc d'argent le Roi, malgré l'alliage qu'il contenait, représente pour nous un marc d'argent fin.

³ Voyez dans d'Expilly, *Dictionnaire des Gaules*, au mot *Languedoc*, les évaluations très-diverses de Vauban, Delisle, Sanson, Fer, Nolin. Voyez aussi le tableau donné par Necker au tom. I de son livre de l'*Administration des finances de la France*. Du reste, on peut juger d'après les cartes de Cassini et de Ducros du degré d'exactitude du chiffre auquel je me suis arrêté.

de document plus précis, nous sommes forcés d'accepter les calculs de l'abbé d'Expilly en 1766. L'auteur du *Dictionnaire des Gaules*, procédant d'après le système que Vauban avait suivi dans sa *Dixme royale*, trouve que la production agricole du Languedoc pour une année moyenne de son temps doit être de 70,320,000 liv.; mais il ne comprend dans ce total que le produit des diverses cultures, et néglige complètement celui des animaux, qui a cependant une importance considérable dans une grande partie de la province. Les documents nous font défaut pour suppléer à cette omission d'une manière parfaitement exacte. D'après Basville[1], dont les appréciations ne doivent être acceptées qu'avec réserve, les laines, seul produit agricole animal dont il fasse mention, donneraient un revenu égal au sixième environ de celui des cultures. L'Encyclopédie, à peu près contemporaine de l'époque qui nous occupe, ne fournit pas des indications suffisantes en ce qui concerne particulièrement le Languedoc. Il en est de même des travaux plus récents de M. de Tolosan (1788), de Dedeley d'Agier (discours à l'Assemblée constituante, 1790), d'Arthur Young, de Lavoisier. L'ouvrage de Chaptal sur *l'Industrie française* (1819) ne contient, on le sait, que des évaluations fort inexactes[2].

Le seul moyen que nous ayons de combler la lacune de d'Expilly est donc de recourir aux statistiques officielles de notre temps et d'y chercher la proportion des produits agricoles animaux aux produits agricoles végétaux. Sans tenir compte du revenu en travail, dont le calcul pour 1762 est à peu près impossible, nous trouvons que, de nos jours, dans les départements et arrondissements formés du Languedoc, le revenu agricole animal est au revenu agricole végétal comme 1 est à 4,33. Si l'on objecte que l'élève du bétail a fait des progrès considérables dans nos pays depuis le commencement du siècle, je ferai remarquer que les différentes cultures, et en particulier celle de la vigne, ont acquis un développement tel que la proportion entre les produits végétaux et les produits animaux n'a pas dû changer d'une manière notable.

Puisque, vers 1765, l'abbé d'Expilly évaluait les cultures du Languedoc à 70,320,000 liv., on peut, sans erreur trop grave, estimer la production animale à 15,600,000 liv., soit pour la production totale du Languedoc 85,920,000 liv, ou, en nombre rond, 86,000,000 de livres équivalant à 91,676,000 fr.

L'impôt foncier étant, pour 1762, de 10,345,852¹ 14ˢ 2ᵈ, nous avons une

---

[1] *Mémoires pour servir à l'histoire de Languedoc*, publiés en 1734, écrits vers 1698.

[2] En relevant dans les tableaux de Chaptal ce qui se rapporte aux départements formés du Languedoc, on trouve que le produit des laines égalerait à peu près la dix-huitième partie du revenu des cultures. Pour les autres produits animaux, Chaptal ne donne pas le détail par département.

moyenne de 12¹·»ˢ 7ᵈ d'impôt foncier pour 100 liv. de revenu, ou bien, en monnaie d'aujourd'hui, 12ᶠʳ 03ᶜ d'impôt pour 100 francs de revenu.

La somme portée sur le rôle de la capitation, ou impôt personnel, pour l'année 1762, est de.................... 1,984,520¹ 8ˢ 10ᵈ

Pour les frais de perception portés en compte par les assemblées diocésaines [1]............................ 123,746. 9. »

Total de la capitation........ 2,108,266¹ 17ˢ 10ᵈ

Soit en valeur de nos jours 2,247,412ᶠʳ 74ᶜ.

Cette somme réunie à l'impôt foncier donne, comme total de l'impôt direct payé par le Languedoc en 1762, 12,454,119¹ 12ˢ, soit 13,276,091ᶠʳ 45ᶜ.

La population du Languedoc en 1762 paraît, d'après d'Expilly, avoir été à peu près la même qu'au temps de M. de Basville, c'est-à dire d'environ 1,560,000 habitants; c'est donc une moyenne de 7¹ 19ˢ 7ᵈ, soit 8ᶠʳ 51ᶜ d'impôt direct par habitant.

§ 2. *Impositions, pour 1862, des départements et arrondissements formés de la province de Languedoc.*

On sait que le Languedoc a formé les départements du Tarn, de l'Aude, de l'Hérault, du Gard, de la Lozère, de l'Ardèche, et les arrondissements de Toulouse et de Villefranche dans la Haute-Garonne, de Castel-Sarrasin dans le Tarn-et-Garonne, du Puy et d'Yssingeaux dans la Haute-Loire. Je vais essayer d'établir, à l'aide des procès-verbaux des Conseils généraux des neuf départements que je viens de mentionner, l'ensemble des impôts directs payés en 1862 à l'État et au département par les pays correspondant à l'ancien Languedoc. Je suis forcé de négliger, comme je l'ai fait pour 1762, la part d'impôt afférente aux communes.

Je retranche de mon calcul la contribution des patentes, impôt de quotité qui n'a pas d'analogue parmi les impositions directes antérieures à la Révolution[2]. Quant à la contribution des portes et fenêtres, comme elle ne pèse pas à proprement parler sur l'agriculture, je ne la ferai intervenir dans mes calculs que pour connaître la moyenne d'impôt direct payée par chaque individu.

Voici, pour chacun des départements et arrondissements désignés ci-dessus[3],

---

[1] Voyez ci-après, XIII: *Affectation des impositions*, tableau 1, *deniers royaux*.

[2] On pourrait, à la rigueur, comparer à la contribution des patentes l'impôt des trois vingtièmes auquel étaient soumises certaines industries ; mais cette imposition était loin d'avoir l'importance de celle des patentes.

[3] Sur les huit départements dont j'ai eu à m'occuper, deux seulement, la Lozère, qui paie moins de centimes additionnels que les huit autres, et le Gard, qui se trouve parmi les moins imposés après la Lozère, donnent dans les procès-verbaux de leur Conseil général un tableau

le total de la contribution foncière en principal et centimes généraux et départementaux :

Tarn...	2,498,286^{fr}	42^c
Aude...	2,578,140	35
Hérault..	3,558,405	45
Gard...	2,674,844	58
Lozère...	849,074	24
Ardèche...	1,409,760	61
Haute-Garonne (arr. de Toulouse et de Villefranche)....	1,946,496	42
Tarn-et-Garonne (arr. de Castel-Sarrasin)...............	857,720	86
Haute-Loire (arr. du Puy et d'Yssingeaux).............	1,057,334	46
Total de l'impôt foncier pour 1862, non compris les impositions particulières des communes.........................	17,430,063^{fr}	39^c

Les départements et arrondissements qui ont été formés du Languedoc offrent une superficie de 4,163,108 hectares[1]. La moyenne de l'impôt foncier dans les pays qui nous occupent est donc, pour 1862, de 4^{fr} 19 par hectare.

La production des mêmes pays pour 1862[2] a été de 839,822,547^{fr}, ce qui donne une moyenne de 2^{fr},075 d'impôt foncier pour 100^{fr} de revenu.

Si nous totalisons maintenant la contribution personnelle et mobilière et la contribution des portes et fenêtres, en principal et centimes, des mêmes départements et arrondissements, nous trouvons les résultats suivants:

---

qui permet d'embrasser d'un coup d'œil l'ensemble des contributions directes, en principal et centimes, payées par le département. Le tableau du Conseil général de la Lozère surtout est très-complet et parfaitement clair. Quant aux autres départements, si l'on veut avoir une idée nette de leurs charges et de leurs ressources, on est obligé de connaître quelque peu le mécanisme d'un budget, et de se livrer à des calculs fastidieux. Il faut espérer que l'on finira par comprendre combien il importe de faciliter au plus grand nombre possible d'intéressés le contrôle de toutes les questions de finances.

[1] La différence entre ce chiffre et celui que j'ai donné comme représentant la superficie du Languedoc vient, non-seulement de ce que ce dernier a dû être calculé par approximation, mais aussi de ce que le Languedoc de 1762 ne coïncide pas d'une manière parfaitement exacte avec les départements et arrondissements que l'on considère comme en ayant été formés. Du reste, l'écart de ces deux nombres n'est pas assez grand pour influer d'une manière sensible sur les résultats.

[2] *Statistique de la France publiée par le Ministre de l'Agriculture, du Commerce et des Travaux publics. Agriculture, résultats généraux de l'enquête décennale de 1862.* Strasbourg, 1868.

Tarn	Personnelle et mobilière..	505,464f 36c	775,047f 48c
	Portes et fenêtres.......	269,583 12	
Aude	Personnelle et mobilière..	467,184 85	677,497 89
	Portes et fenêtres.......	210,313 04	
Hérault...........	Personnelle et mobilière..	846,087 20	1,274,591 12
	Portes et fenêtres.......	428,503 92	
Gard.	Personnelle et mobilière.	702,816 30	1,124,575 23
	Portes et fenêtres.......	421,758 93	
Lozère...........	Personnelle et mobilière.	138,099 39	222,139 89
	Portes et fenêtres... ...	84,040 50	
Ardèche	Personnelle et mobilière.	397,196 54	623,535 58
	Portes et fenêtres.......	226,339 04	
Haute-Garonne (arr. de Toulouse et de Villefranche).	Personnelle et mobilière..	498,033 84	880,792 39
	Portes et fenêtres.......	382,758 55	
Tarn-et-Garonne (arr. de Castel-Sarrasin).	Personnelle et mobilière.	113,054 47	150,843 57
	Portes et fenêtres.......	37,789 10	
Haute-Loire (arr. du Puy et d'Yssingeaux).	Personnelle et mobilière .	226,881 66	356,066 41
	Portes et fenêtres	129,184 75	
			6,085,089f 56c

Ce total réuni à la contribution foncière donne, pour les trois contributions directes de répartition, la somme de 23,515,152^{fr} 95.

D'après le recensement de 1861[1], les départements et arrondissements désignés plus haut renferment 2,542,720 habitants. Chaque habitant paie donc à l'État ou au département une moyenne d'impôt direct de 9^{fr} 25.

§ 3. *Impositions des diocèses de Montpellier, Agde, Béziers, Lodève et Saint-Pons en 1762, et impositions du département de l'Hérault en 1862.*

On a vu que je n'ai pu déterminer les dépenses particulières des diocèses qu'à l'aide d'une moyenne tirée des sommes votées par les assemblées de l'assiette de

---

[1] *Statistique de la France*, 2e série, tom. XIII, *Population*, 1864.

Montpellier, Agde, Béziers, Lodève et Saint-Pons. Comme ces cinq diocèses réunis ont servi précisément à former le département de l'Hérault, je puis établir pour ce département, avec un degré plus grand de précision, les calculs correspondant à ceux que je viens de faire pour l'ensemble du Languedoc.

Il résulte des procès-verbaux des cinq assemblées mentionnées ci-dessus, que le total des impositions provinciales et diocésaines à percevoir sur les biens-fonds taillables a été en 1762 :

Pour Montpellier, de....................................	570,686¹	10ˢ	6ᵈ
— Agde..	291,160	19	11
— Béziers.....................................	602,170	16	2
— Lodève.....................................	285,025	3	1
— Saint-Pons.................................	263,652	12	9
	2,012,696¹	2ˢ	5ᵈ

La part des vingtièmes des biens nobles afférente à ces cinq diocèses, évaluée en prenant pour base la répartition de la taille, et en supposant par conséquent que la proportion des biens nobles aux biens roturiers était la même dans ces cinq diocèses que dans l'ensemble de la province, serait de....   86,391¹ 15ˢ »ᵈ

Total de l'impôt foncier 2,099,087¹ 17ˢ 5ᵈ

Ce qui représente 2,237,627ᶠʳ 61ᶜ de notre monnaie.

La superficie des cinq diocèses ne coïncide pas tout à fait avec celle du département¹ ; on peut l'évaluer à 620,000 hectares environ.

La moyenne d'imposition foncière était donc de 3 livres 7 sous 7 deniers, ou 3ᶠʳ 61ᶜ par hectare.

La production des cinq diocèses devant être considérée comme proportionnelle à la part d'impôt foncier qui leur a été attribuée dans la répartition des contributions provinciales, nous avons pour 1762 une production approximative de 17,500,000 livres équivalant à 18,655,000 francs, c'est-à-dire une moyenne d'imposition de 11¹ 19ˢ 8ᵈ par 100 livres de revenu ou de 11ᶠʳ 99ᶜ par 100 francs.

Les procès-verbaux de l'assiette donnent les résultats suivants pour la capitation de 1762, y compris les honoraires des commissaires, les frais de confection de rôle, les taxations des receveurs et collecteurs, etc.

---

[1] Dans la formation du département, on a retranché quelques communautés du diocèse de Saint-Pons, qui ont été remplacées par dix-sept autres prises aux diocèses de Nimes, Alais, Narbonne et Castres. En somme, le total des communautés des cinq diocèses, en 1762, était de 319, et celui des communes du département est aujourd'hui de 334.

Montpellier..	130,192¹	»ˢ	8ᵈ
Agde...	59,496	1	3
Béziers..	98,865	7	11
Lodève..	44,837	17	4
Saint-Pons...	38,276	5	3
Cour des aides de Montpellier[1]...............	28,340	2	3
Trésoriers de France de Montpellier...........	6,662	18	1
Total de la capitation.............................	406,670¹	12ˢ	9ᵈ
Total de l'impôt foncier..........................	2,099,087¹	17ˢ	5ᵈ
Total de l'impôt direct...........................	2,505,758¹	10ˢ	2ᵈ
C'est-à-dire...	2,671,138ᶠʳ	58ᶜ	

La population des cinq diocèses[2] était approximativement de 230,822 habitants. Chaque habitant payait donc en moyenne 10¹ 17ˢ, soit 11ᶠʳ 57ᶜ d'impôt direct.

L'Hérault a payé, en 1862, une contribution foncière de 3,558,405ᶠʳ 44ᶜ. Il a une superficie de 624,362 hectares; la moyenne de l'impôt foncier a donc été de 5ᶠʳ 73ᶜ par hectare.

La production agricole de ce département[3] s'est élevée, pour la même année, à 203,770,000 fr.; soit, pour 100 francs de revenu, 1ᶠʳ 75ᶜ d'impôt foncier.

La contribution personnelle et celle des portes et fenêtres forment un total de 1,274,591ᶠʳ 12ᶜ qui, joint à celui de la contribution foncière, élève la somme des contributions directes de répartition à 4,832,996ᶠʳ 56ᶜ. Cette somme divisée entre 409,391 habitants donne 11ᶠʳ 80ᶜ d'impôt par habitant.

Les résultats qui précèdent peuvent se résumer dans les deux tableaux suivants :

---

[1] Les membres de la Cour des Aides de Montpellier, ainsi que ceux du Parlement de Toulouse et les Trésoriers de France, payaient la capitation en corps et non comme simples particuliers.

[2] Voyez d'Expilly; *Dictionnaire des Gaules*, 1766.

[3] Voyez *Statistique de la France, Agriculture, résultats de l'enquête de 1862*.

LANGUEDOC.

ANNÉES.	PRODUCTION agricole.	POPULATION.	IMPÔT FONCIER.	TOTAL des impôts directs de répartition.	MOYENNE D'IMPOT.		
					Foncier par hectare.	Foncier par 100 francs de production agricole.	de répartition par habitant.
1762	91,676,000f	1,560,000 hab	11,028,678f 71c	13,276,091f 45c	2f 66c	12f 03c	8f 51c
1862	839,822,547f	2,542,720 hab	17,430,063f 39c	23,515,152f 95c	4f 19c	2f 07c	9f 25c

HÉRAULT.

ANNÉES.	PRODUCTION agricole.	POPULATION.	IMPÔT FONCIER.	TOTAL des impôts directs de répartition.	MOYENNE D'IMPOT.		
					Foncier par hectare.	Foncier par 100 francs de production agricole.	de répartition par habitant.
1762	18,655,000f	230,832 hab	2,237,627f 61c	2,671,138f 58c	3f 61c	11f 99c	11f 57c
1862	203,770,000f	409,391 hab	3,558,405f 44c	4,832,996f 56c	5f 73c	1f 75c	11f 80c

Pour que le lecteur ne soit pas exposé à tirer de la comparaison de ces chiffres des conclusions erronées, je crois devoir répéter :

1° Que je n'ai tenu compte que de la valeur intrinsèque de la monnaie, et non de sa valeur relative ;

2° Que les impôts dont je ne me suis pas occupé, c'est-à-dire les contributions des communes et les impositions indirectes, tendent, depuis le commencement de ce siècle, à prendre des proportions de plus en plus considérables[1] ;

3° Que les biens roturiers supportant jadis à eux seuls presque toute la contribution foncière, j'aurais trouvé pour les biens de cette nature une moyenne d'impôt bien supérieure, si j'avais pu déduire de mes calculs les biens affranchis de la taille. Aussi, lorsque, dans le cours de mon mémoire, je parle de l'égalité dans la répartition des impôts en Languedoc, il faut entendre une égalité relative résultant de la nature de la taille, qui dans cette province pesait sur les terres et non sur les personnes, et de l'existence des compoix, qui permettait une égale répartition des charges entre les biens taillables.

XIV.

Affectation des impositions de 1762.

Nous avons vu que l'Assemblée provinciale classait les sommes à imposer sur l'ensemble du Languedoc en divers états dont le titre est censé indiquer l'emploi des contributions ; mais ce classement est fait d'une façon tellement arbitraire, grâce sans doute à un système d'opérations analogues aux virements de nos jours, qu'il faut avoir le courage de dépouiller article par article les pièces de comptabilité des États et celles des Assemblées des assiettes, pour se rendre compte de la véritable affectation des deniers et des frais de recouvrement qu'ils ont occasionnés. Ce sont les résultats d'un dépouillement de ce genre que je résume dans les deux tableaux suivants.

Ces tableaux comprennent de plus que l'*État général des sommes délibérées par l'Assemblée* les frais de recouvrement portés en compte par les assiettes des diocèses, et les vingtièmes des biens nobles et des rentes, industries, etc., lesquels

---

[1] En 1784, Necker (*De l'administration des finances de la France*, tom. I, pag. 265) donnait comme moyenne d'impôt payé par chaque habitant du Languedoc, le chiffre de 22 livres 1 sou, soit 23 fr. 49 cent. de notre monnaie. La différence entre la moyenne qui figure dans mes tableaux et celle de Necker vient : 1° de l'augmentation subie de 1762 à 1784 par les contributions directes afférentes à la province et aux diocèses ; 2° des contributions particulières des communautés, que j'ai dû laisser de côté ; 3° des contributions indirectes, qui ne sont pas non plus comprises dans mon travail.

n'étaient pas perçus par ordonnance de l'Assemblée provinciale. Ces vingtièmes figurent pour 1,652,163 livres dans la colonne des sommes non votées par les États, et pour 130,000 livres dans celle des sommes non employées de l'année précédente.

En dehors de ces deux catégories d'impositions, mes tableaux ne présentent que le budget général de la province arrêté par les États, et non le budget des diocèses. J'ai dû cependant avoir recours aux procès-verbaux des Assemblées de l'assiette, afin d'y trouver les frais de recouvrement afférents aux impositions votées par les États. Ces frais sont en réalité un impôt provincial et non diocésain.

Le baron Trouvé[1], exposant le budget de la province pour 1789, donne une classification par sections, chapitres et paragraphes, qui n'a jamais été celle de l'Assemblée de Languedoc. J'adopte une division à peu près identique ; mais je crois devoir prévenir le lecteur qu'on n'en trouve aucune trace dans la comptabilité de l'époque. Il m'a paru commode et rationnel de grouper d'un côté les *deniers royaux*, de l'autre les *deniers provinciaux*, et de diviser les premiers en *deniers ordinaires* et *deniers extraordinaires*. Cette dernière dénomination se rencontre dans la comptabilité des assiettes ; mais elle y désigne un état que l'on appelait aussi *appointement*, et qui comprenait, outre le don gratuit, toutes les dépenses exclusivement provinciales ou diocésaines.

Le budget donné par le baron Trouvé ne tient aucun compte des taxations du trésorier de la Bourse, que les États additionnaient au principal des contributions, non plus que de celles des receveurs, qu'y ajoutaient à leur tour les Assemblées de l'assiette, et enfin de celles des collecteurs, troisième surcharge dont se grossissait l'impôt avant d'être réparti entre les contribuables.

Les taxations du trésorier de la Bourse forment, dans les tableaux qui suivent, la colonne des *frais de recouvrement portés en compte par les États*[2] ; celle des *frais de recouvrement portés en compte par les assemblées diocésaines* comprend les taxations des receveurs, qui en 1762 étaient de six deniers par livre du principal des contributions joint aux taxations du trésorier de la Bourse.

Quant aux taxations des collecteurs, qui se percevaient sur le total formé par le principal des contributions, les taxations du trésorier de la Bourse et celles des receveurs, leur taux variait suivant les localités, et il aurait fallu pour les établir avoir sous les yeux la comptabilité de toutes les communautés de la province pour 1762. Je n'ai donc pu les comprendre dans mes tableaux, à l'exception de celles

---

[1] *États de Languedoc*, pag. 469.

[2] Toutes les sommes qui passaient dans les mains du trésorier de la Bourse n'étaient pas sujettes à des taxations, ainsi que le prouvent nos Tableaux et l'*État général des sommes délibérées*.

qui se rapportent à la capitulation. Ces dernières étaient fixées à six deniers par livre pour toutes les communautés, et portées en compte par les assemblées diocésaines.

D'après le *Mémoire présenté au roi par les États en 1780*[1], les taxations des collecteurs étaient en moyenne de cinq deniers par livre. En supposant que cette moyenne fût celle de 1762, on aurait un total de $177,639^l 11^s 7^d$ qui élèverait l'ensemble des taxations à peu près de 600,000 livres pour le recouvrement d'un peu plus de treize millions d'impôts.

Je ne compte pas dans les frais de recouvrement les appointements fixes auxquels les divers agents chargés de la perception de l'impôt avaient droit en sus de leurs taxations. Ces appointements figurent dans le principal de la contribution comme frais d'administration provinciale.

Je n'ai pas besoin d'ajouter qu'une fois sortis des mains des agents de la province, les deniers royaux étaient soumis encore à des prélèvements considérables en passant par les caisses des trésoriers, receveurs et agents divers du pouvoir central. Ce côté de la question est étranger à mon sujet, ces nouveaux prélèvements n'ayant pour résultat que de diminuer les sommes effectives employées au profit du roi et de l'État, tandis que les taxations des collecteurs, receveurs et trésoriers de la province, augmentaient d'autant la charge qui pesait sur les contribuables.

Je dois reconnaître, en terminant, que les États de 1780 insistèrent, dans le Mémoire dont j'ai parlé, sur les réformes à introduire dans la perception de l'impôt.

---

[1] Trouvé; *États de Languedoc*, pag. 520.

TABLE DES MATIÈRES.

Avant-propos.......................................	3
Une session des états de Languedoc...................	5

NOTES ET PIÈCES JUSTIFICATIVES.

I.	Des discussions dans l'assemblée des États...............	22
II.	De la représentation du tiers-état dans l'assemblée provinciale de Languedoc.................................	24
III.	Rolle de ceux qui ont assisté aux États généraux de la province de Languedoc, assemblés par mandement du roy en la Ville de Montpellier aux mois d'octobre, novembre et décembre 1761.................................	25
IV.	Commissions..	34
V.	Documents relatifs au don d'un vaisseau fait au roi par la province..	
VI.	Conflit entre les États de Languedoc et le parlement de Toulouse..	38
VII.	Lettre au Roy......................................	42
VIII.	Cahier des États de 1761............................	45
IX.	Députation à la Cour................................	52
X.	Conditions du Don gratuit et de la Capitation...........	54
XI.	État général des sommes délibérées par l'assemblée des États de la province de Languedoc...................	60
XII.	État abrégé des impositions de la province de Languedoc pour l'année 1762, par comparaison avec celles de l'année 1761...	65
XIII.	Impositions de la province de Languedoc pour l'année 1762 (votées en 1761) comparées aux impositions des départements et arrondissements formés du Languedoc, pour l'année 1862...................................	66
XIV.	Affectation des impositions de 1762....................	77

I. DENIERS ROYAUX.

AFFECTATION.	SOMMES PERÇUES PAR IMPOT DIRECT		Sommes perçues par IMPOT INDIRECT	SOMMES NON EMPLOYÉES l'année précédente	TOTAUX PAR AFFECTATION de CONTRIBUTION.	FRAIS DE RECOUVREMENT		TOTAUX Y COMPRIS LES FRAIS de RECOUVREMENT	OBSERVATIONS.
	VOTÉES PAR LES ÉTATS	NON VOTÉES PAR LES ÉTATS				PORTÉS EN COMPTE PAR LES ÉTATS	PORTÉS EN COMPTE PAR LES ASSEMBLÉES DIOCÉSAINES		
A. Deniers ordinaires.									
...cienne taille (octroi, aide, crue et précipit de l'équivalent)	514.517ˡ 4ˢ 4ᵈ	»	»	»	514.517 4 4	»	12.862 18 4	527.380 2 8	Taille.
...tion	165.000 » »	»	»	»	165.000 » »	»	»	165.000 » »	Taillon.
B. Deniers extraordinaires.									
1ᵒ Sommes versées au trésor royal.									
...n gratuit	2.700.000 » »	»	300.000 » »	»	3.000.000 » »	21.702 14 »	68.042 11 4	3.089.745 5 4	Don gratuit. État général des sommes délibérées.
...ngtièmes	1.846.837 » »	1.653.163 » »	»	130.000 » »	3.630.000 » »	15.390 16 »	46.555 13 6	3.691.946 9 6	Dettes et affaires. Procès-verbal des (pag...)
...oits abonnés avec le roi	137.378 8 0	»	100.000 » »	80.908 16 3	318.287 5 »	1.115 4 2	3.482 13 1	322.885 2 3	Dettes et affaires, État général des sommes délibérées.
...nisons, Mortes-paies et entretien des milices levées dans la province	607.591 5 10	»	»	»	607.591 5 10	3.326 2 1	15.253 15 1	626.071 3 »	Garnisons, Mortes-paies, Dettes et affaires.
...ces fortes et fortifications maritimes	22.100 » »	»	»	»	22.100 » »	184 3 0	557 2 »	22.841 5 6	Dettes et affaires.
...pitation et intérêts des emprunts pour la Capitation	1.968.119 9 »	»	»	»	1.968.119 9 »	16.400 19 10	123.746 9 »	2.108.266 17 10	Capitation. Procès-verbal des assiettes
Sommes dépensées dans la province à la décharge du roi.									
...ale de Gouvernement, d'Intendance et d'administration civile	270.170 » »	»	»	»	270.170 » »	2.251 18 6	6.810 10 5	279.232 8 11	Dettes et affaires. Frais des États. Gratifications extraordinaires.
...is de Commandement et d'administration militaire	570.207 7 8	»	»	»	570.207 7 8	4.752 4 6	14.373 19 6	589.333 11 8	Dettes et affaires. Étape.
...térêts des emprunts pour les impositions ou pour le service du roi	582.598 5 7	»	400.000 » »	»	982.598 5 7	4.855 9 7	14.686 6 6	1.002.140 1 8	Dettes et affaires, État général des sommes délibérées.
TOTAUX	9.384.519 1 2	1.653.163 » »	800.000 » »	210.908 16 3	12.048.590 17 5	69.909 12 »	206.351 18 5	12.424.852 8 4	

¹ La colonne d'observations, dans ce tableau et dans celui qui suit, renferme l'indication des documents d'après lesquels chaque article a été établi. Les mots soulignés sont les titres des états décrits par l'assemblée provinciale. Je n'ai pas eu les documents suffisants pour calculer les frais de recouvrement de cette dernière catégorie de vingtièmes. Pour la répartition des différents États, voir ci-dessus, pag. 68. Les 130.000 liv. non employées de l'année précédente ne figurent pas dans l'État général des sommes délibérées dans l'assemblée des États.

² Il n'était pas alloué de taxations aux receveurs pour la perception du taillon.

³ Le don gratuit était pris pour 2.700.000 liv. par impôt direct sur les biens taillables, et pour 300.000 liv. sur la forme de l'équivalent. L'équivalent, ainsi que nous l'avons dit, était un impôt indirect (voir ci-dessus, pag. 63, note 2). On a vu, d'après la réponse du roi au cahier de 1762 (pag. 5?), qu'il avait été accordé une remise de 55.000 liv. sur le don gratuit; mais cette somme n'eut pas moins perçue, elle servit seulement à la constitution d'un fonds de secours conformément avec celle de 217.000 liv.; qui forme le dernier article du tableau des deniers provinciaux.

⁴ Les vingtièmes des biens nobles, des rentes, industries, etc., étant un impôt de quotité; ceux des biens roturiers étaient un impôt de répartition. Les États comprenaient ces derniers parmi les contributions qu'ils imposaient à la province, ce sont ceux-là que nous faisons figurer dans la colonne des impôts directs votés par les États. Les autres étant perçus par ordre de la commission des vingtièmes, nous avons dû en faire une...

⁵ Ainsi que l'indique l'État général des sommes délibérées, 100.000 liv. prises sur le Don de l'équivalent et 80.908ˡ 16ˢ 3ᵈ restant de l'année précédente ont été débloquées en bloc du chiffre total de l'imposition pour les dettes et affaires de la province; j'ai dû figurer ces deux sommes en regard des crédits abonnés, l'état des dettes et affaires ayant dû être scindé en plusieurs articles pour la clarté du présent tableau et de celui qui suit.

⁶ Le trésorier de la Bourse n'avait droit à aucune taxation sur les sommes perçues dans les états des garnisons et des mortes-paies; il n'en prélevait que sur celles qui figuraient aux dettes et affaires de la province.

⁷ Les frais de recouvrement pour la capitation, portés en compte par les assemblées Diocésaines, se décomposent ainsi : taxations des receveurs 49.613ˡ² »ˢ⁴; taxations des collecteurs 49.613ˡ² »ˢ⁴; aux collecteurs pour non-valeurs 14.372ˡ 3ˢ »ᵈ; honoraires des commissaires ordinaires de l'assiette pour le département de la capitation 2.018 liv.

⁸ Les intérêts des emprunts contractés pour le payement de la capitation sont compris dans l'article qui est relatif à cette imposition, et non dans celui-ci. Les taxations des collecteurs sont au effet réglées par les assemblées diocésaines, pour ces emprunts comme pour la capitation.

II. DENIERS PROVINCIAUX.

AFFECTATION.	SOMMES PERÇUES par IMPÔT DIRECT votées PAR LES ÉTATS.	Sommes perçues par IMPOT INDIRECT.	TOTAUX PAR AFFECTATION de CONTRIBUTIONS.	FRAIS DE RECOUVREMENT		TOTAUX Y COMPRIS LES FRAIS DE RECOUVREMENT.	OBSERVATIONS[1].
				PORTÉS EN COMPTE PAR LES ÉTATS.	PORTÉS EN COMPTE PAR LES ASSEMBLÉES DIOCÉSAINES.		
Frais de la tenue des États et de la députation à la Cour[2]...	222.750 » »	»	222.750 » »	247ˡ 1ˢ 7ᵈ	5.574 19 6	228.572 1 1	Frais des États, Dettes et affaires.
Frais d'administration provinciale............	70.547 9 9	»	70.547 9 9	256 13 9	1.770 2 »	72.574 5 6	Dettes et affaires, Frais des États, Débits de Comptes.
Pensions de retraite.......................	3.800 » »	»	3.800 » »	31 13 3	95 15 6	3.927 8 9	Dettes et affaires.
Encouragements aux Sciences et aux Arts......	4.300 » »	»	4.300 » »	35 17 6	108 7 6	4.444 5 »	Dettes et affaires.
Commerce et Manufactures..................	96.632 16 »	»	96.632 16 »	802 2 7	2.435 17 »	99.870 15 7	Dettes et affaires.
Postes[3]................................	11.880 » »	»	11.880 » »	99 » »	299 9 6	12.278 9 6	Dettes et affaires.
Hôpitaux[4].............................	500 » »	»	500 » »	4 3 3	12 12 »	516 15 3	Dettes et affaires.
Travaux publics { Routes, Chaussées et Ponts..	373.478 » »	100.000 » »	473.478 » »	3.112 16 3	9.414 15 »	486.005 11 3	
Chaussées et lits de rivières..	16.350 » »	»	16.350 » »	136 5 »	412 3 »	16.898 8 »	
Ports, Graus et Canaux.......	95.000 » »	»	95.000 » »	791 15 3	2.394 13 »	98.186 8 3	Dettes et affaires, Sénéchaussée de Toulouse, Sénéchaussée de Carcassonne, État général des sommes délibérées.
Travaux à faire sur la plage pour procurer la salubrité de l'air...	6.000 » »	»	6.000 » »	50 » »	155 8 3	6.205 8 3	
Appointements, pensions de retraite des Directeurs et Inspecteurs des travaux publics et logement des Ingénieurs..	26.550 » »	»	26.550 » »	221 5 »	669 5 6	27.440 10 6	
Rentes et intérêts des emprunts faits pour la province et des cautionnements.	78.801 » 3	»	78.801 » 3	656 14 1	1.986 8 6	81.444 2 10	Dettes et affaires, Sénéch. de Toulouse, Sénéch. de Carcassonne.
Fonds de secours[5].....................	»	212.000 » »	212.000 » »	»	»	212.000 » »	État général des sommes délibérées.
TOTAUX.............	1.006.589 6 »	312.000 » »	1.318.589 6 »	6.445 7 6	25.329 15 3	1.350.364 8 9	

RÉCAPITULATION.

	PRINCIPAL DES CONTRIBUTIONS.	FRAIS DE RECOUVREMENT		TOTAUX Y COMPRIS LES FRAIS DE RECOUVREMENT.
		PORTÉS EN COMPTE PAR LES ÉTATS.	PORTÉS EN COMPTE PAR LES ASSEMBLÉES DIOCÉSAINES.	
Deniers royaux............	12.048.590 1 75	69.909 12 2	306.354 18 9	12.424.852 8 4
Deniers provinciaux........	1.318.589 6 »	6.445 7 6	25.329 15 3	1.350.364 8 9
	13.367.180 3 5	76.354 19 8	331.681 13 »	13.775.216 17 1

[1] Il n'était pas alloué de taxations au trésorier de la Bourse pour les sommes portées dans l'état intitulé *Frais de la tenue des États*, mais des frais de cette dernière nature étaient compris dans les *Dettes et affaires de la province*, et c'est sur ceux-là qu'on fait prélevées les taxations qui figurent dans la colonne des frais de recouvrement portés en compte par les États.

[2] Les maîtres de poste étaient exempts des tailles dans tout le royaume ; mais comme en Languedoc la taille portait sur les biens indépendamment de leurs possesseurs, une somme de 5.880 liv. était répartie entre les maîtres de poste de la province pour leur tenir lieu de l'exemption de la taille. 5.000 liv. leur étaient accordées à titre de gratification.

[3] Ces 500 liv. étaient allouées à l'hôpital de Balaruc.

[4] Dans cet article est comprise une partie des dépenses votées par la Sénéchaussée de Toulouse et par la Sénéchaussée de Carcassonne, l'autre partie a été portée aux rentes et intérêts des emprunts faits pour la province. Les *dépenses* de ces deux Sénéchaussées, approuvées par l'Assemblée provinciale, figurent dans les deux états spéciaux intitulés *Sénéchaussée de Toulouse*, *Sénéchaussée de Carcassonne*, et dans chacun des deux états que nous avons donnés plus haut. (V. pag. 42, 43 et 45). Les 100.000 liv. portées dans la colonne des sommes perçues par impôt indirect étaient prélevées sur le produit de la ferme de l'équivalent, elles ne changeaient lieu à aucune taxation.

[5] Ces 212.000 liv. étaient perçues sur le produit de la ferme de l'équivalent.

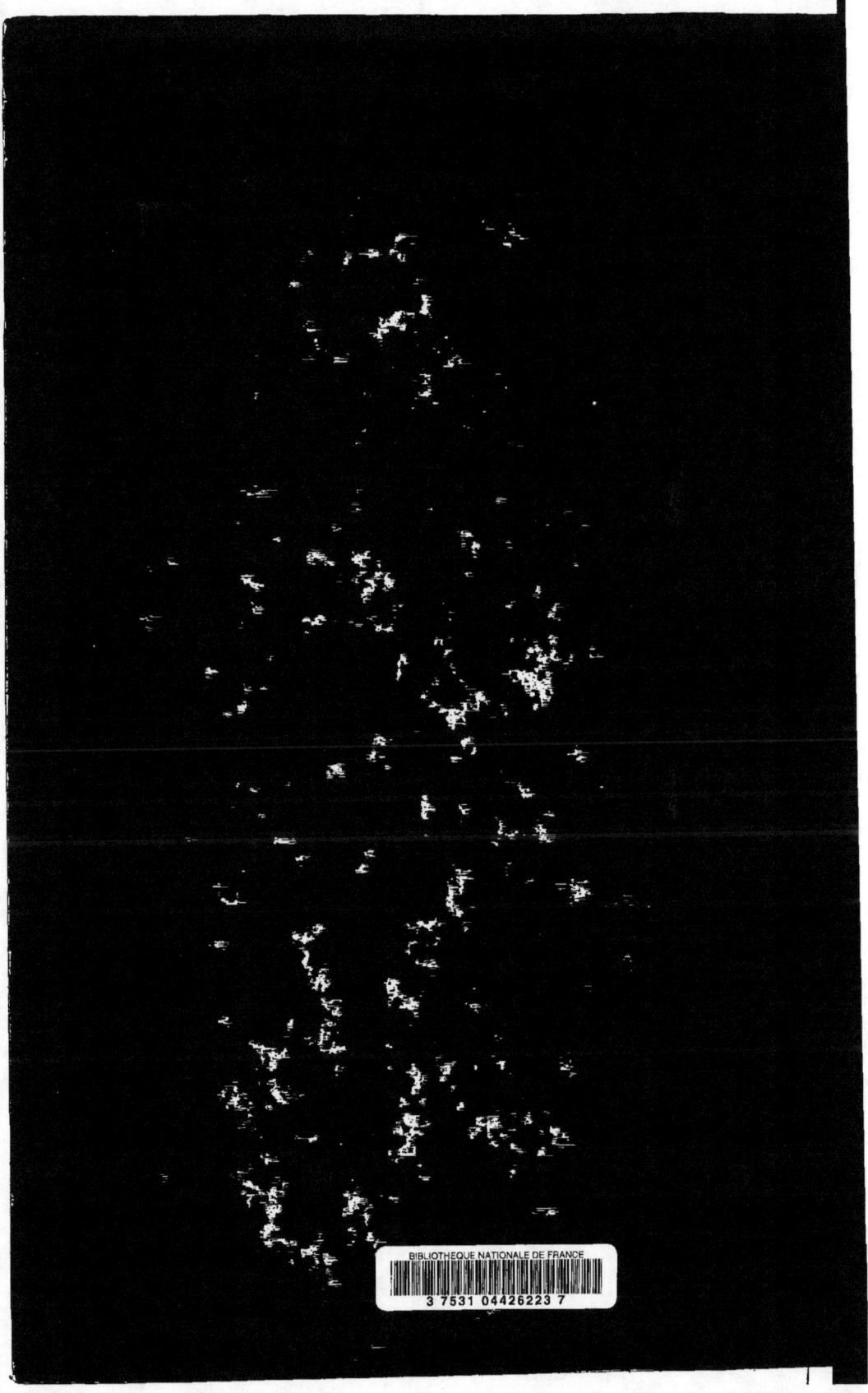

www.ingramcontent.com/pod-product-compliance
Lightning Source LLC
LaVergne TN
LVHW052104090426
835512LV00035B/976